はじめに

「学校の勉強が難しい」と感じている子どもは、どのくらいいるのでしょうか。文部科学省が2012年に行った調査によると、通常学級の中で学習に困難さをもつ児童・生徒の割合は6.5%と言われており、近年は、学校の中でもそういった子どもへの理解が深まり、支援が広がっています。しかし、それでもまだ、クラスの中にはSOSを発信できず、一人で困っている子どもがたくさんいるのではないかと感じています。

勉強について、「面倒くさい」「やりたくない」と言う子どもの背景には、読み書きや計算の苦手さや困難さがあるのかもしれません。そのような子どもの学びに必要なのは、その子の「得意なこと」「苦手なこと」が理解され、ていねいにサポートされることや、楽しく学びながらステップアップできる学習体験です。

さくらんぼ教室では、30年以上にわたって子ども一人ひとりに合わせた学習指導を実践してきました。本書は、さくらんぼ教室の教材をもとに「学校やご家庭でも楽しく学習してほしい」という願いからできたドリルです。

本書で扱っているのは、小学校段階の国語・算数の中でも、練習を積み重ねることで習得できる、漢字・計算の基礎です。学年にかかわらず、「すてっぷ」1～6の中から、子どもにとって「ちょうどよい」「楽しくできる」段階を選び、一人ひとりの学び方に合わせて繰り返し使用することができます。子ども自身がオリジナルの文を作って書いたり、自由に問題を作ったりできる「れんしゅうプリント」と併せてご活用ください。

先生方や保護者の方には、子どもの取り組みを（文字のていねいさや誤りが気になったとしても）まずほめてあげていただきたいと思います。学習の中で、「苦手」な部分が目立つ場合は、注意するのではなく、「うまくいく方法」を一緒に考えてあげることが必要です。ほかの子とペースや学び方が異なっても、その子に合うやり方を工夫していけばよいのです。

本書が子どもの「やってみよう」の入り口となり、その後の学びと自信につながっていくことを願っています。

2021年4月　　　　監修　伊庭葉子

先生方、保護者の方々へ

一人ひとりに合うすてっぷを選んで、
「できる」ところからステップアップ！

- 「すてっぷ」1～6の数字は、小学校の学年と対応しています（例：「すてっぷ1」は、小学校１年生で習う漢字と計算を収録。すてっぷ2～6は、小学校２年生～６年生に習う漢字の中から選んだ各100字と、計算を収録）。
- 学年にとらわれず、お子さんの得意・不得意に合わせて、ちょうどよい「すてっぷ」を選べるので、通級指導教室や特別支援学級・学校での個別指導に活用できるほか、家庭学習用教材としても役立ちます。
- 「れんしゅうプリント」を活用することで、さらに個々に合わせた学びが広がります。学校やご家庭でもお子さんと一緒にたくさん問題を作ってみてください。

自分のペースで学べる、一人ひとりに合ったステップ形式

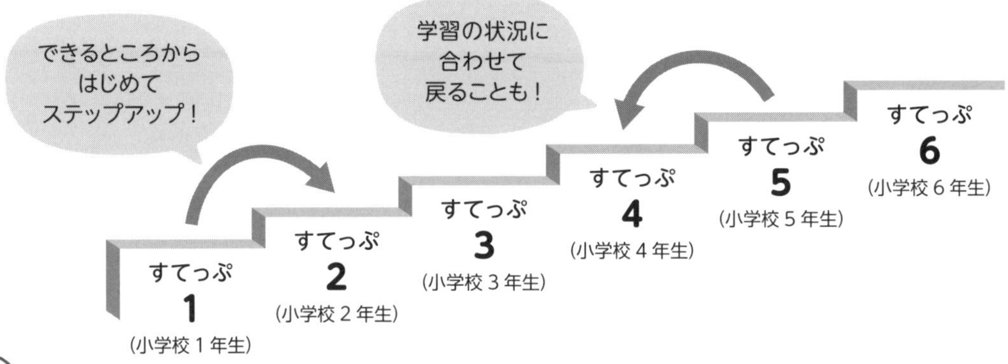

このドリルの特長

① 学びやすいサポートが入っているので、「できた！」が実感できる！

- 難易度に応じて、**きめ細やかな解き方のポイントや解答のヒント**が入っており、子どもの学びをサポートします。
- 「かけるかな」「よめたら　まるを　つけよう」「スペシャルもんだい」などの課題を進めるごとに、**「できた！」が実感でき、自信につながり**ます。

② 繰り返し練習することで、漢字や計算の基礎が身につく！

- 付属の**CD-ROMからPDFデータをプリントして**、何度も使えます。
- 「れんしゅうプリント」を使って、**オリジナル問題を作りながら、何度も練習**できます。
- 繰り返し学習を積み重ねることで、**少しずつ基礎的な力がついて**いきます。

③ 学習につまずきのある子、学習習慣がついていない子も自分のペースで学べる！

- 漢字、計算ともに**無理なく１日１ページずつ進められるよう、負担のない問題数にし、文字の大きさを工夫**しています。
- 問題文が読みやすいように、**文章に区切り（分かち書き）**を入れています。

④ 子どもたちの生活の中で考える、イラストを使った身近で楽しい問題！

- 問題を具体的にわかりやすくとらえられるように、**親しみのある、楽しいイラストが**全ページに入っています。
- 漢字には文を作る問題、計算には生活につながる問題が入っており、**漢字や計算を生活の中で考えたり使ったりできるように**なります。

学習の順序

❶ 「かん字」「けいさん」のはじめのページでは、これから学ぶことを確認します（今できていることをチェックしてみましょう）。

❷ 「かん字1～32」、「けいさん1～32」に取り組みましょう。漢字・計算ともに１日１ページを目安としています。漢字については答えが明示されていない問題に限り、計算については書き取り以外のすべての問題について、「こたえ」（かん字は44ページ、けいさんは84ページ～）が掲載されています。

※「かん字1～32」では、漢字を身近に感じながら覚えられるように、訓読み（ひらがな表記）→音読み（カタカナ表記）の順で、主な読み方のみを掲載しています。小学校１年生で習うすべての読み方については「すてっぷ1のかん字」（38ページ）を参照してください。

※「かん字」の中で、番号の前に★がついているページは、ひらがなやカタカナの基礎問題が入っています。

❸ 終わったら「れんしゅうプリント」を使用して、自分に合う問題を作って練習しましょう（最初は先生や保護者の方が、問題をたくさん作ってあげてください）。

❹ 自信がついてきたら、「チャレンジテスト」に挑戦してみましょう！終わったら、できなかった部分や、もう一度取り組みたい部分のページに戻って復習しましょう。

❺ 「チャレンジテスト」が「できた！」と実感できたら、次のステップへ進みましょう。

目次

付録 CD-ROM について

本書の付録 CD-ROM には、「かん字1～32」、「けいさん1～32」、「れんしゅうプリント」、「チャレンジテスト」が収録されています。PDF 形式のデータとなっておりますので Adobe Acrobat Reader（無償）がインストールされているパソコンで開いてお使いください。

※CD-ROM に収録されたデータは、購入された個人または法人が私的な目的でのみ使用できます。第三者への販売・頒布はできません。

※本製品を CD-ROM 対応以外の機器では再生しないようにしてください。再生の方法については各パソコン、再生ソフトのメーカーにお問い合わせください。CD-ROM を使用したことにより生じた損害、障害、その他いかなる事態にも弊社は責任を負いません。

イラスト：池野なか、石山綾子

すてっぷ1

かん字

●ひらがなやカタカナ、かん字《じ》を
おぼえて　よんだり
かいたり　して　みよう!

こくごの　力《ちから》を　チェック!

- □ ひらがな50音《おん》を　よむ　ことが　できる。
- □ ひらがな50音《おん》を　かく　ことが　できる。
- □ カタカナを　よむ　ことが　できる。
- □ カタカナを　かく　ことが　できる。
- □ すてっぷ1の　かん字《じ》を　よむ　ことが　できる。
- □ すてっぷ1の　かん字《じ》を　かく　ことが　できる。
- □ 字《じ》を　ていねいに　かける。
- □ 日《に》っきや　さく文《ぶん》を　かく　ことが　できる。

すてっぷ 1

★かん字 1

（　　　）がつ（　　　）にち（　　　）よう日

50おん①

ひらがなを　かいて　よみましょう。

あいうえお

かきくけこ

さしすせそ

たちつてと

なにぬねの

よめたら　まるを　つけよう！

◉じぶんの　名《な》まえを　かこう。

◉「あ」の　つく　ことばを　かこう。

◉「か」の　つく　ことばを　かこう。

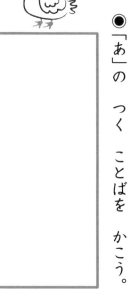

すてっぷ
1
★かん字 2

（　　　）がつ（　　　）にち（　　　）よう日

50おん②

ひらがなを　かいて　よみましょう。

はひふへほ

まみむめも

やゆよ

らりるれろ

わをん

よめたら　まるを　つけよう！

◉「は」の　つく　ことばを　かこう。

◉「ま」の　つく　ことばを　かこう。

◉「や」の　つく　ことばを　かこう。

すてっぷ
1
★かん字 3

（　　　　）がつ（　　　　）にち（　　　　　　）よう日

ことば①

えを　見《み》て　ことばを　かいて　みましょう。

こくご

さんすう

たいいく

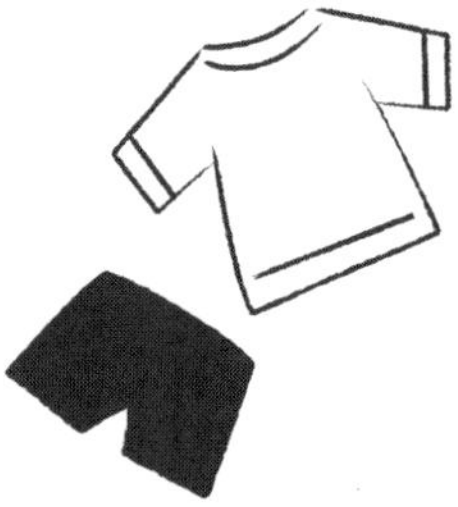

おんがく

ずこう

◉ぼく・わたしの　すきな　きょうかは　　　　です。

すてっぷ 1

★かん字 4

（　　　）がつ（　　　）にち（　　　）よう日

ことば②

しつもんに　こたえて　かいて　みましょう。

◉すきな　たべものは　なに？

◉すきな　いろは　なにいろ？

◉すきな　どうぶつは　なに？

◉へやの　中《なか》に　ある　ものの　名《な》まえを　かいて　みよう。

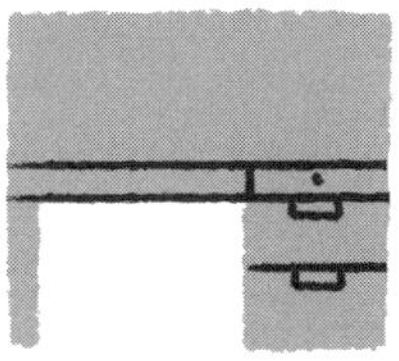

すてっぷ 1

★かん字 5

（　　　）がつ（　　　）にち（　　　）よう日

「゛」の　つく　ひらがな

「゛」の　つく　ひらがなを　かいて　よみましょう。

がぎぐげご

ざじずぜぞ

だぢづでど

ばびぶべぼ

◉よめるかな？

かばん

ぞうきん

ながぐつ

よめたら　まるを　つけよう！

◉かけるかな？

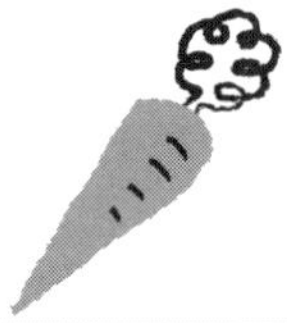

すてっぷ
1
★かん字 6

（　　　）がつ（　　　）にち（　　　）よう日

「゜」「っ」を　つかう　ことば

「゜」「っ」を　つかう　ことばを　よみましょう。

ぱぴぷぺぽ

はっぱ

きっぷ

しっぱい

よめたら　まるを　つけよう！

◉かけるかな？

しっぽ

かっぱ

せんぷうき

きって

すてっぷ 1

★かん字 7

（　　　）がつ（　　　）にち（　　　）よう日

「ゃ」「ゅ」「ょ」を　つかう　ことば

「ゃ」「ゅ」「ょ」を　つかう　ことばを　かいて　よみましょう。

きゃ　きゅ　きょ

しゃ　しゅ　しょ

ちゃ　ちゅ　ちょ

にゃ　にゅ　にょ

ひゃ　ひゅ　ひょ

みゃ　みゅ　みょ

りゃ　りゅ　りょ

よめたら　まるを　つけよう！

◉かけるかな？

きょうか

きしゃ

ひゃく

りょこう

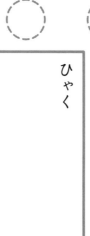

（　　　）がつ（　　　）にち（　　　）よう日

カタカナ①

カタカナを　かいて　よみましょう。

アイウエオ

カキクケコ

サシスセソ

タチツテト

ナニヌネノ

よめたら　まるを　つけよう！

◉カタカナで　名《な》まえを　かこう。

◉えを　見《み》て　カタカナで　かこう。
（のばす　音《おと》「ー」に　気《き》を　つけてね！）

ケーキ

すてっぷ 1
★かん字 9

（　　）がつ（　　）にち（　　）よう日

カタカナ②

カタカナを　かいて　よみましょう。

ハ ヒ フ ヘ ホ

マ ミ ム メ モ

ヤ ユ ヨ

ラ リ ル レ ロ

ワ ヲ ン

よめたら　まるを　つけよう！

◉えを　見《み》て　カタカナで　かこう。
（のばす　音《おと》「ー」に　気《き》を　つけてね！）

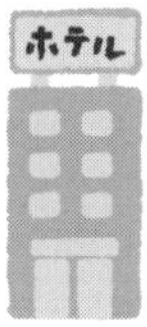

（　　　　）がつ（　　　　）にち（　　　　）よう日

「゛」「゜」の　つく　カタカナ

「゛」「゜」の　つく　カタカナを　かいて　よみましょう。

よめたら　まるを　つけよう！

ガギグゲゴ

ザジズゼゾ

ダヂヅデド

バビブベボ

パピプペポ

◉よめるかな？（のばす　音《おと》「ー」に　気《き》を　つけてね！）

ドーナツ

ボール

ブザー

◉えを　見《み》て　カタカナで　かこう。

すてっぷ 1

★かん字 11

（　　　）がつ（　　　）にち（　　　）よう日

「ャ」「ュ」「ョ」を　つかう　ことば

「ャ」「ュ」「ョ」を　つかう　ことばを　かいて　よみましょう。

キャ　キュ　キョ

シャ　シュ　ショ

チャ　チュ　チョ

ニャ　ニュ　ニョ

ヒャ　ヒュ　ヒョ

ミャ　ミュ　ミョ

リャ　リュ　リョ

よめたら　まるを　つけよう！

◉かけるかな？

（のばす　音《おと》「ー」に　気《き》を　つけてね！）

シチュー

シャワー

ニャー　ニャー

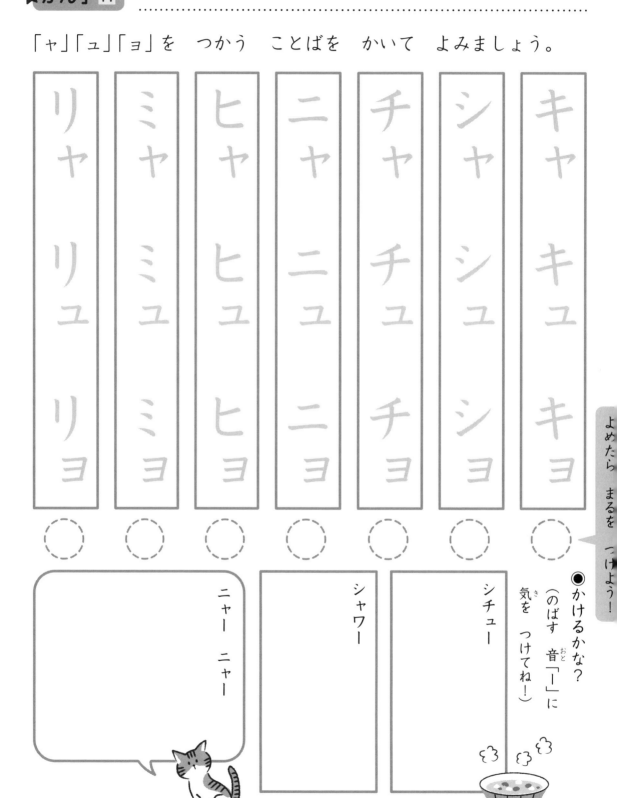

すてっぷ 1

★かん字 12

（　　　）がつ（　　　）にち（　　　）よう日

カタカナの　ことば

カタカナで　かく　ことばを　さがして　かきましょう。

たべもの

のみもの

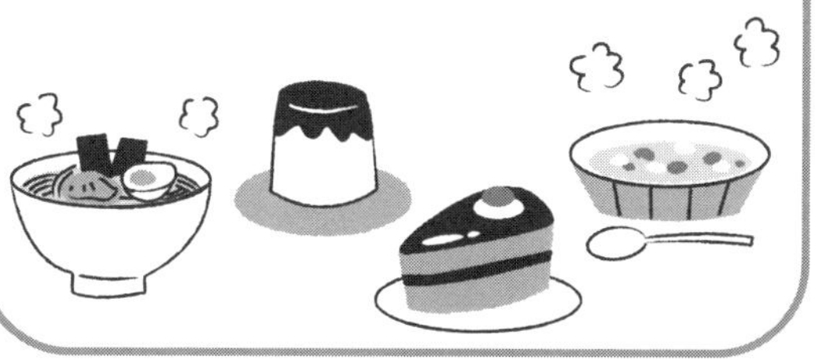

やさい

くだもの

◉ほかにも　さがして　みよう！

スポーツ

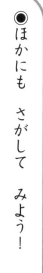

すてっぷ 1
かん字 13

（　　　）月（　　　）日（　　　　）よう日

すう字①

手本《てほん》を　よく　見《み》て　かん字《じ》を　かきましょう。

一　二　三　四　五　六　七　八　九　十

ひと（つ）　イチ

一

ふた（つ）　ニ

二

●りんごは　いくつ？

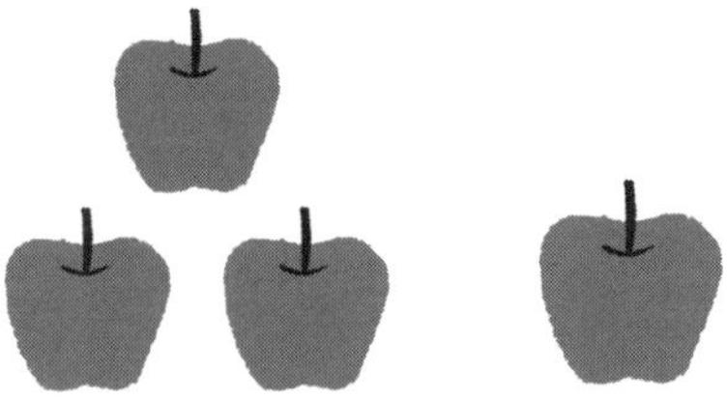

□つ　□つ

みっ（つ）　サン

三

よっ（つ）　シ

四

●（れい）を　よんで、「一」「二」「三」「四」から　えらんで　文《ぶん》を　つくって　かこう。

（れい）　一《いち》ばん　早《はや》く　おきた。

れんしゅうプリント①②③（39～41ページ）を　つかって　たくさん　れんしゅうしよう。

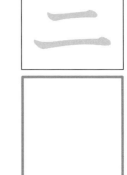

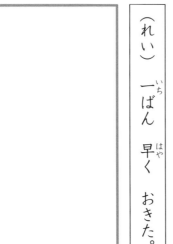

すてっぷ
1
かん字 14

（　　　）月（　　　）日（　　　）よう日

すう字②

手本《てほん》を　よく　見《み》て　かん字《じ》を　かきましょう。

一　二　三　四　五　六　七　八　九　十

いつ（つ）　ゴ

五

むっ（つ）　ロク

六

◉あなたは　なんさい？

さい　です。

◉あなたは　なん年生《ねんせい》？

年生《ねんせい》　です。

なな（つ）　シチ

七

やっ（つ）　ハチ

八

◉（れい）を　よんで、「五」「六」「七」「八」から　えらんで　文《ぶん》を　つくって　かこう。

（れい）　もうすぐ　七《なな》さい　です。

れんしゅうプリント①②③（39～41ページ）を　つかって　たくさん　れんしゅうしよう。

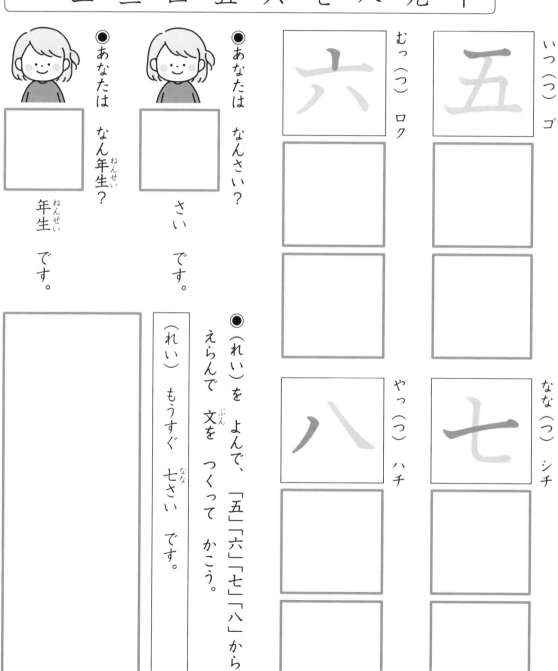

すてっぷ
1
かん字 15

（　　　）月（　　　）日（　　　）よう日

すう字③

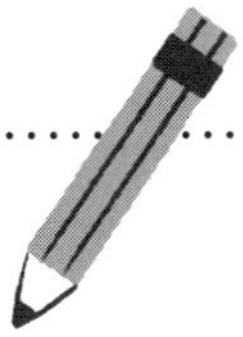

手本《てほん》を よく 見《み》て かん字《じ》を かきましょう。

一 二 三 四 五 六 七 八 九 十

九　ここの（つ）　キュウ　ク

十　とお　ジュウ

◉かけるかな？

一円玉《いちえんだま》

十円玉《じゅうえんだま》

円　まる（い）　エン

玉　たま　ギョク

◉（れい）を よんで、「九」「十」「円」「玉」から えらんで 文《ぶん》を つくって かこう。

（れい） 十円玉《じゅうえんだま》を ひろう。

れんしゅうプリント①②③（39～41ページ）を つかって たくさん れんしゅうしよう。

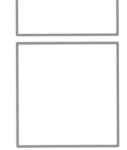

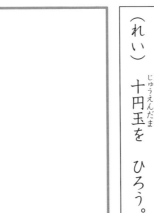

すてっぷ 1
かん字 16

（　　　）月（　　　）日（　　　）よう日

よう日①

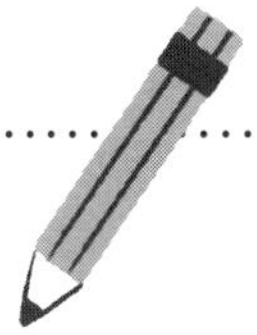

手本《てほん》を　よく　見《み》て　かん字《じ》を　かきましょう。

日　月　火　水　木　金　土

日　ひ　ニチ

月　つき　ゲツ　ガツ

◉きょうは　なん月《がつ》　なん日《にち》？

月

日

火　ひ　カ

水　みず　スイ

◉かけるかな？

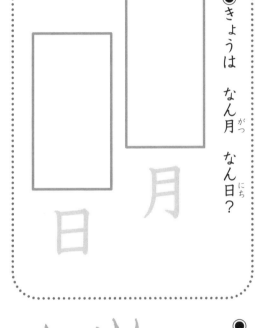

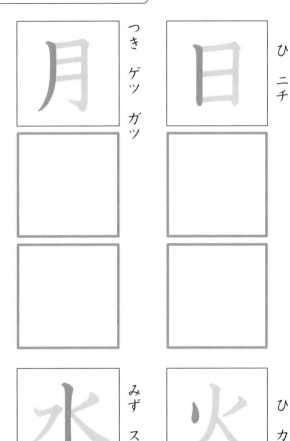

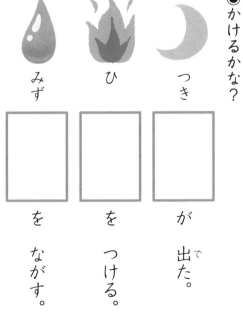

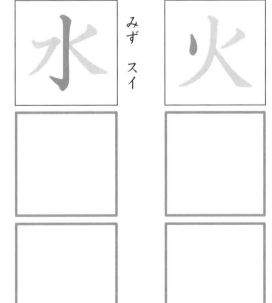

つき　が　出《で》た。

ひ　を　つける。

みず　を　ながす。

すてっぷ 1
かん字 17

（　　　）月（　　　）日（　　　）よう日

よう日②

手本《てほん》を　よく　見《み》て　かん字《じ》を　かきましょう。

日　月　火　水　木　金　土

◉きょうは　なんよう日《び》？

□ よう 日

◉あなたは　なん年生《ねんせい》？

□ 年生

木　き　モク

金　かね　キン

土　つち　ド

年　とし　ネン

◉かけるかな？

き □ を　うえる。

きん □ の　メダル。

つち □ に　うめる。

れんしゅうプリント①②③（39～41ページ）を　つかって　たくさん　れんしゅうしよう。

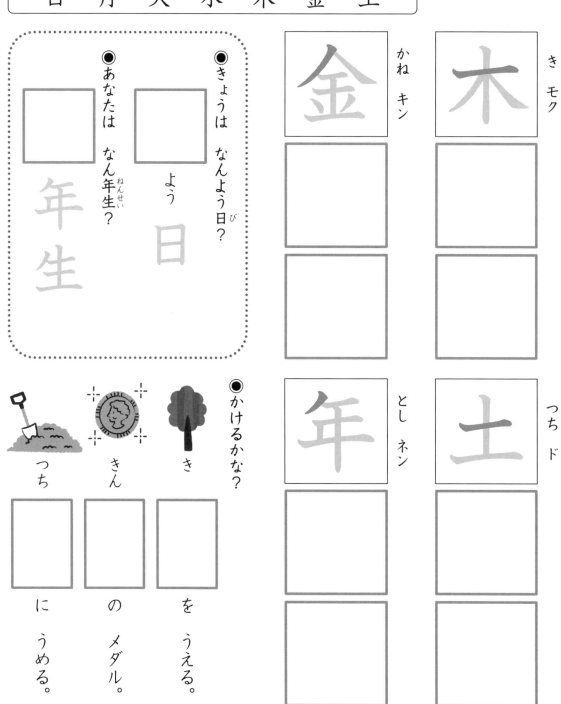

（　　）月（　　）日（　　）よう日

学　校　先　生

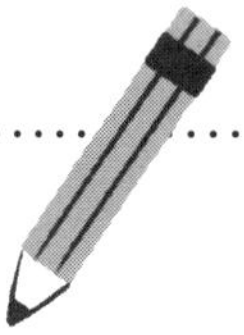

手本《てほん》を　よく　見《み》て　かん字《じ》を　かきましょう。

学
まな(ぶ)　ガク

校
コウ

先
さき　セン

生
い(きる)　セイ

◉学校《がっこう》の　名《な》まえを　かこう。

学校

◉先生《せんせい》の　名《な》まえを　かこう。

先生

◉学校《がっこう》には　どんな　先生《せんせい》が　いる？

（れい）　校《こう》ちょう先生《せんせい》

れんしゅうプリント①②③（39～41ページ）を　つかって　たくさん　れんしゅうしよう。

すてっぷ 1
かん字 19

（　　　）月（　　　）日（　　　　　）よう日

上　下　右　左

手本《てほん》を　よく　見《み》て　かん字《じ》を　かきましょう。

上　うえ　ジョウ

下　した　ゲ

◉かけるかな？

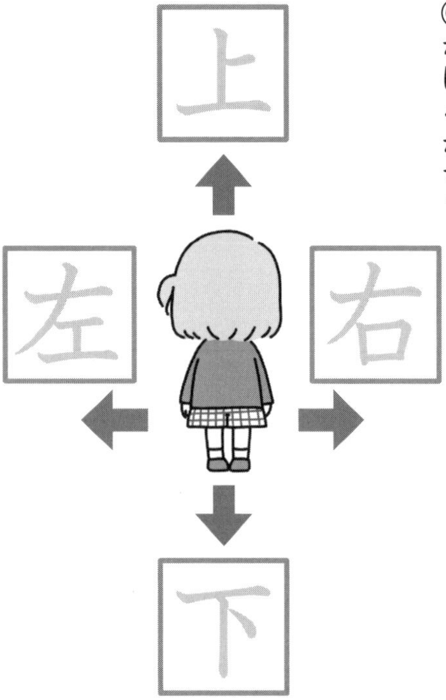

右　みぎ　ウ　ユウ

左　ひだり　サ

◉よんで　かこう。

上《うえ》と下《した》で・・・・

上《じょう》下《げ》

右《みぎ》と左《ひだり》で・・・・

左《さ》右《ゆう》

れんしゅうプリント①②③（39～41ページ）を　つかって　たくさん　れんしゅうしよう。

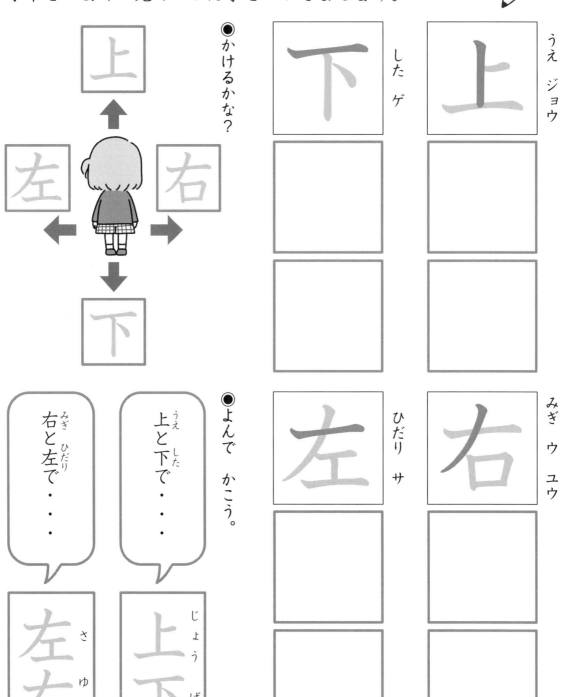

すてっぷ 1

かん字 20

（　　　）月（　　　）日（　　　　　）よう日

山　川　林　森

手本《てほん》を　よく　見《み》て　かん字《じ》を　かきましょう。

やま　サン

山

かわ

川

◉かけるかな？

□に　のぼる。

□で　およぐ。

はやし　リン

林

もり　シン

森

◉木《き》の　かずに　ちゅういして　かきましょう。

木《き》の　かたちから
できた　かん字《じ》です

木

林

森

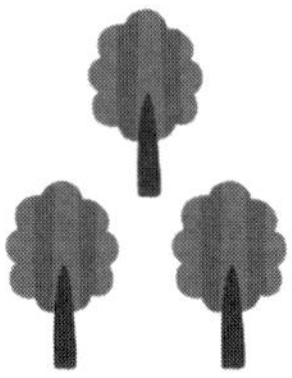

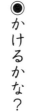

すてっぷ 1
かん字 21

（　　）月（　　）日（　　）よう日

男　女　子　人

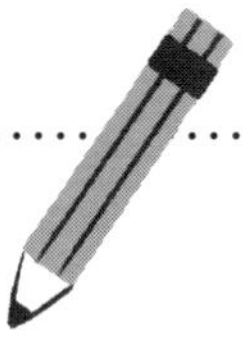

手本《てほん》を　よく　見《み》て　かん字《じ》を　かきましょう。

男　おとこ　ダン

子　こ　シ

女　おんな　ジョ

人　ひと　ニン

◉かいて　よもう。

男の人と　女の人。

◉よみかたを　おぼえよう。

男女《だんじょ》

男子《だんし》

女子《じょし》

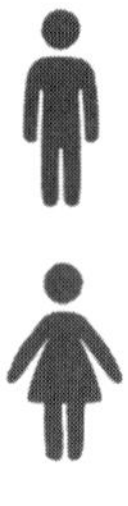

◉「男」「女」　どちらかを　つかって　文《ぶん》を　つくって　かこう。

れんしゅうプリント①②③（39〜41ページ）を　つかって　たくさん　れんしゅうしよう。

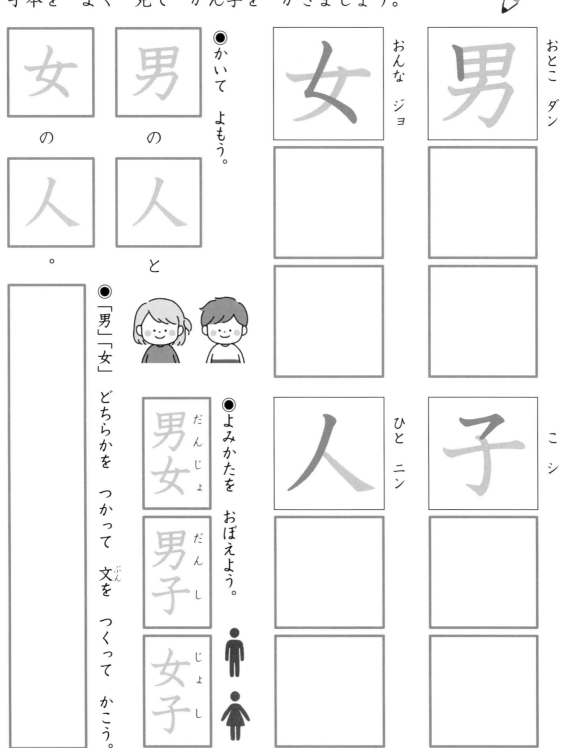

すてっぷ 1
かん字 22

（　　　）月（　　　）日（　　　）よう日

目　口　耳　見

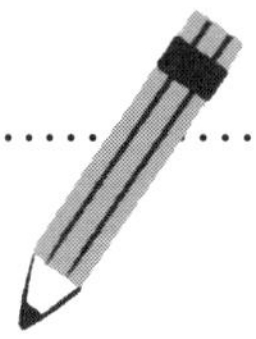

手本《てほん》を　よく　見《み》て　かん字《じ》を　かきましょう。

目　め　モク

口　くち　コウ

◉かいて　みよう。

耳　みみ

見　み（る）　ケン

◉つなげて　文《ぶん》に　しよう。

目　で	口　から	耳　で
たべる。	見る。	きく。

れんしゅうプリント①②③（39～41ページ）を　つかって　たくさん　れんしゅうしよう。

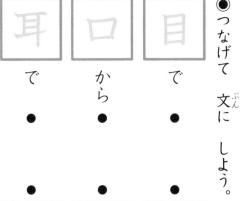

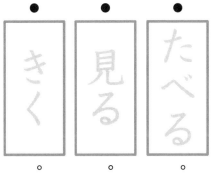

すてっぷ 1
かん字 23

（　　）月（　　）日（　　）よう日

手 足 立 休

手本《てほん》を よく 見《み》て かん字《じ》を かきましょう。

手　て　シュ

足　あし　ソク

◉かん字《じ》で かけるかな？

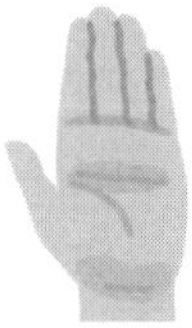

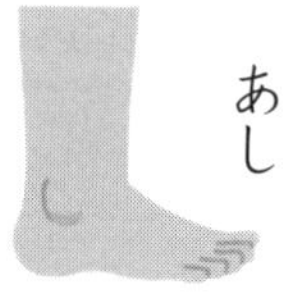

◉よめるかな？

手がみ

あく手

えん足

立　た（つ）　リツ

休　やす（む）　キュウ

◉よんで かこう。

立 った ままで、休 みます。

◉「立」「休」 どちらかを つかって 文《ぶん》を つくって かこう。

れんしゅうプリント①②③（39〜41ページ）を つかって たくさん れんしゅうしよう。

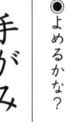

すてっぷ 1 かん字24

（　　　）月（　　　）日（　　　）よう日

大 中 小 音

手本《てほん》を　よく　見《み》て　かん字《じ》を　かきましょう。

おお（きい）　ダイ

大

なか　チュウ

中

◉石《いし》の　大《おお》きさを　くらべて　かこう。

だい

ちゅう

しょう

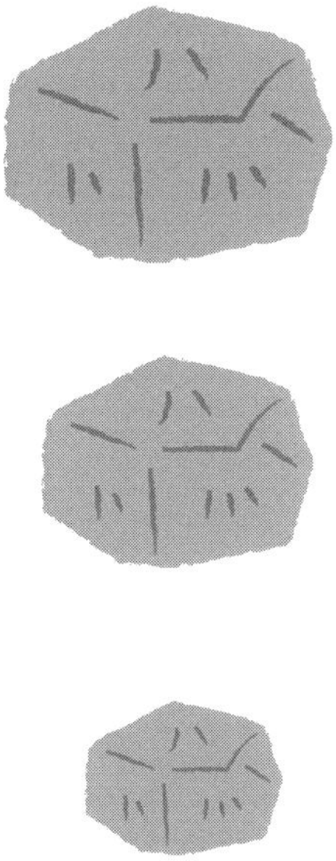

ちい（さい）　ショウ

小

おと　オン

音

◉よんで　かこう。

大きな　音が　きこえた。

小学生

中学生

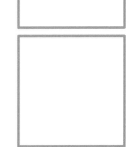

すてっぷ 1

かん字 25

（　　　）月（　　　）日（　　　）よう日

赤　白　青　花

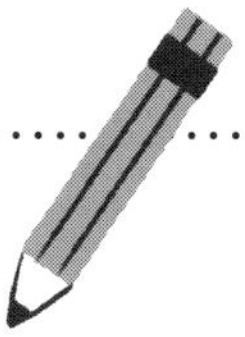

手本《てほん》を　よく　見《み》て　かん字《じ》を　かきましょう。

赤　あか　セキ

白　しろ　ハク

青　あお　セイ

花　はな　カ

◉かん字《じ》で　かけるかな？

あか［　］ぐみ

あか［　］い

しろ［　］ぐみ

はな［　］

◉青《あお》い　もの、白《しろ》い　ものを　さがして　かこう。

青い　（れい）うみ

白い　（れい）さとう

れんしゅうプリント①②③（39～41ページ）を　つかって　たくさん　れんしゅうしよう。

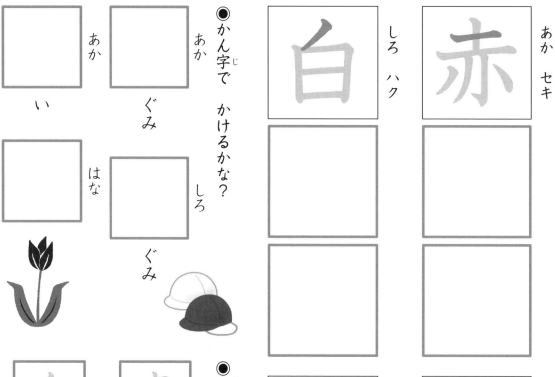

すてっぷ
1
かん字 26

（　　）月（　　）日（　　）よう日

入　出　車　虫

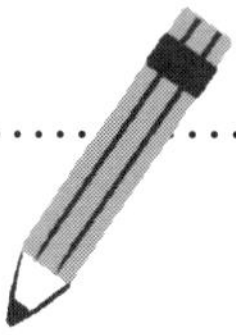

手本《てほん》を　よく　見《み》て　かん字《じ》を　かきましょう。

入
はい（る）　ニュウ

出
で（る）　シュツ

車
くるま　シャ

虫
むし　チュウ

●かん字《じ》で　かけるかな？

□《い》り口《ぐち》と

□《で》口《ぐち》

●よめるかな？

入学しき

出ぱつ

●よんで　かこう。

じてん車

でん車

●しって　いる　虫《むし》の　名《な》まえを　かこう。

虫

（れい）　てんとう虫《むし》

れんしゅうプリント①②③（39～41ページ）を　つかって　たくさん　れんしゅうしよう。

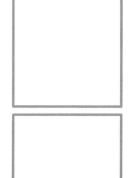

すてっぷ 1
かん字 27

（　　　）月（　　　）日（　　　　）よう日

百　千　気　力

手本《てほん》を　よく　見《み》て　かん字《じ》を　かきましょう。

百　ヒャク

千　ち　セン

気　キ

力　ちから　リョク

◉かん字《じ》で　かけるかな？

ひゃくえん

せんえん

◉よんで　かこう。

気もち

くう気

◉「気」「力」　どちらかを　つかって　文《ぶん》を　つくって　かこう。

れんしゅうプリント①②③（39～41ページ）を　つかって　たくさん　れんしゅうしよう。

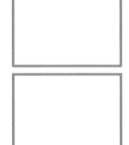

すてっぷ 1

かん字 28

（　　　）月（　　　）日（　　　）よう日

村　田　町　石

手本《てほん》を　よく　見《み》て　かん字《じ》を　かきましょう。

村　むら　ソン

田　た　デン

町　まち　チョウ

石　いし　セキ

◉かん字《じ》で　かけるかな？

村　の　田　んぼ。

とおくの　町　まで　いく。

◉あなたが　すんで　いる　町《まち》や　村《むら》に　ある　たてものを　かこう。

（れい）　びょういん　えいがかん

すてっぷ 1
かん字 29

（　　　）月（　　　）日（　　　）よう日

竹　草　貝　犬

手本《てほん》を　よく　見《み》て　かん字《じ》を　かきましょう。

竹　たけ　チク

草　くさ　ソウ

◉かけるかな？

竹　から　生《う》まれた　かぐやひめ。

草　が　生《は》える。

きれいな　貝　を　ひろった。

貝　かい

犬　いぬ　ケン

◉あなたは　どんな犬《いぬ》を　しって　いる？

（れい）　チワワ

れんしゅうプリント①②③（39～41ページ）を　つかって　たくさん　れんしゅうしよう。

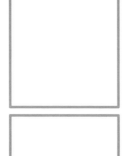

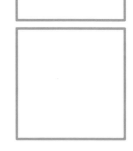

すてっぷ
1
かん字 30

（　　　）月（　　　）日（　　　）よう日

字　文　本　正

手本《てほん》を　よく　見《み》て　かん字を　かきましょう。

◉かん字《じ》を　かいて　よもう。

字　を　かく。

文　を　よむ。

正　しい　しせいで　すわる。

あなたが
すきな
本《ほん》は？

漢字	よみかた
字	ジ
文	ブン・モン
本	もと　ホン
正	ただ（しい）　セイ

れんしゅうプリント①②③（39～41ページ）を　つかって　たくさん　れんしゅうしよう。

すてっぷ
1
かん字 31

（　　　）月（　　　）日（　　　　　）よう日

雨　空　天　夕

手本《てほん》を　よく　見《み》て　かん字《じ》を　かきましょう。

雨　あめ　ウ

空　そら　クウ

◉かん字《じ》を　かいて　よもう。

□が　ふる。

青□い　□。

天　あま　テン

夕　ゆう

◉かん字《じ》を　かいて　よもう。

夕がたの　天気　よほう。

きょうの
天気《てんき》は？

れんしゅうプリント①②③（39～41ページ）を　つかって　たくさん　れんしゅうしよう。

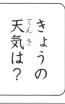

（　　）月（　　）日（　　）よう日

王 早 糸 名

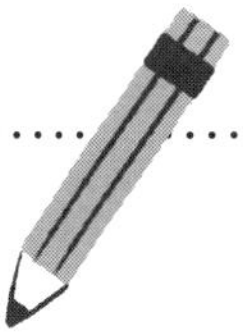

手本《てほん》を よく 見《み》て かん字《じ》を かきましょう。

王　オウ

早　はや（い）　ソウ

糸　いと　シ

名　な　メイ

◉よんで かこう。

王さまに なる。

早く おきる。

あなたは なんじに
おきる？

◉「王」「早」「糸」「名」から えらんで 文《ぶん》を つくって かこう。

すてっぷ１のかん字

よめるかな？　かけるかな？
れんしゅうプリント①②③で
たくさん　れんしゅうしましょう。

一 イチ・イツ ひと・ひと（つ）	右 ウ・ユウ みぎ	雨 ウ あめ・あま	円 エン まる（い）	王 オウ	音 オン おと・ね	下 カ・ゲ した・しも・さ（げる）・さ（がる）・くだ（る）・くだ（す）・くだ（さる）・お（ろす）・お（りる）	火 カ ひ	花 カ はな	貝 かい	学 ガク まな（ぶ）	気 キ・ケ
九 キュウ・ク ここの・ここの（つ）	休 キュウ やす（む）・やす（まる）・やす（める）	玉 ギョク たま	金 キン・コン かね・かな	空 クウ そら・あ（く）・あ（ける）・から	月 ゲツ・ガツ つき	犬 ケン いぬ	見 ケン み（る）・み（える）・み（せる）	五 ゴ いつ・いつ（つ）	口 コウ・ク くち	校 コウ	左 サ ひだり
三 サン み・み（つ）・みっ（つ）	山 サン やま	子 シ・ス こ	四 シ よ・よ（つ）・よっ（つ）・よん	糸 シ いと	字 ジ	耳 みみ	七 シチ なな・なな（つ）・なの	車 シャ くるま	手 シュ て	十 ジュウ・ジッ とお・と	出 シュツ で（る）・だ（す）
女 ジョ おんな	小 ショウ ちい（さい）・こ・お	上 ジョウ うえ・うわ・かみ・あ（げる）・あ（がる）・のぼ（る）	森 シン もり	人 ジン・ニン ひと	水 スイ みず	正 セイ・ショウ ただ（しい）・ただ（す）・まさ	生 セイ・ショウ い（きる）・い（かす）・い（ける）・う（まれる）・う（む）・は（える）・は（やす）・なま	青 セイ あお・あお（い）	夕 ゆう	石 セキ・シャク いし	赤 セキ あか・あか（い）・あか（らむ）・あか（らめる）
千 セン ち	川 かわ	先 セン さき	早 ソウ はや（い）・はや（まる）・はや（める）	草 ソウ くさ	足 ソク あし・た（りる）・た（る）・た（す）	村 ソン むら	大 ダイ・タイ おお・おお（きい）・おお（いに）	男 ダン・ナン おとこ	竹 チク たけ	中 チュウ・ジュウ なか	虫 チュウ むし
町 チョウ まち	天 テン あま	田 デン た	土 ド・ト つち	二 ニ ふた・ふた（つ）	日 ニチ・ジツ ひ・か	入 ニュウ い（る）・い（れる）・はい（る）	年 ネン とし	白 ハク しろ・しら・しろ（い）	八 ハチ や・や（つ）・やっ（つ）・よう	百 ヒャク	文 ブン・モン
木 ボク・モク き・こ	本 ホン もと	名 メイ・ミョウ な	目 モク め	立 リツ た（つ）・た（てる）	力 リョク・リキ ちから	林 リン はやし	六 ロク む・む（つ）・むっ（つ）・むい				

※かん字《じ》は　音《おん》よみ（カタカナ）→くんよみ（ひらがな）の　じゅんに　入《はい》って　います。

（　　　）月（　　　）日（　　　）よう日

れんしゅうプリント①

CD-ROM プリントして つかおう！

かん字《じ》を　えらんで、たくさん　れんしゅうしましょう。

かきじゅんにも　気《き》を　つけてね。

●かん字《じ》を　一《ひと》つ　えらんで、文《ぶん》を　つくって　かこう。

よみかた（　　）（　　）

よみかた（　　）（　　）

よみかた（　　）（　　）

よく　できました！

すてっぷ
1
かん字

(　　　　)月(　　　　)日(　　　　　　　)よう日

れんしゅうプリント②

CD-ROM プリントして つかおう!

カタカナや　かん字《じ》を　つかって　文《ぶん》を　つくりましょう。

すてっぷ1の
カタカナや
かん字《じ》を　えらんで
文《ぶん》を　つくってね。

(れい)
ラ → ラーメンが　大《だい》すきです。
手 → ともだちと　手《て》を　つなぎました。

できた文《ぶん》を
まわりの　人《ひと》にも
よんで　もらおう!

（　　　）月（　　　）日（　　　）よう日

れんしゅうプリント③

CD-ROM プリントしてつかおう！

え日《にっ》きを　かきましょう（カタカナや　かん字《じ》も　つかおう）。

えを　かいてね。

月《がつ》

日《にち》

よう日《び》

きょうの天気《てんき》

まわりの　人《ひと》にも
よんで　もらおう！

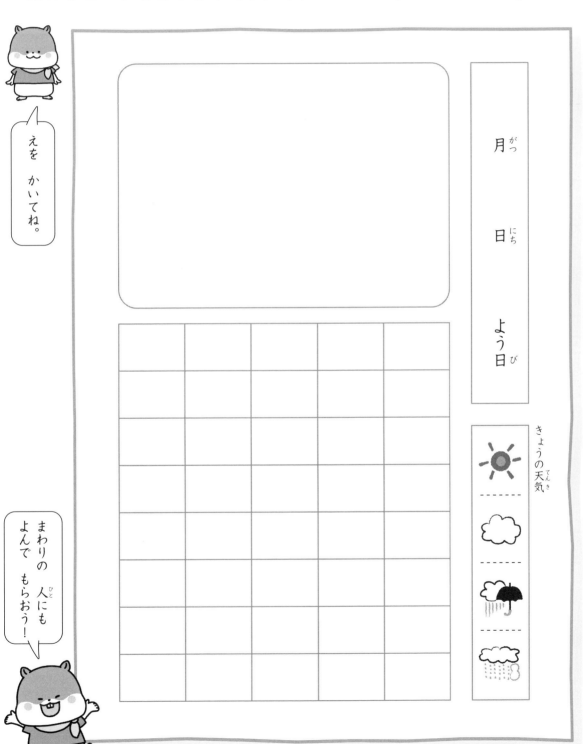

（　　　）月（　　　）日（　　　）よう日

チャレンジテスト1

◉カタカナに　した　ほうが　よい　ことばを　カタカナに　なおして　文《ぶん》を　かこう。

（れい）ぷーるへ　いく。➡プールへ　いく。

① けーきを　たべる。

② のーとを　かう。

③ かれんだーを　みる。

④ ちょこれーとは　あまい。

⑤ ぼーるを　なげる。

◉しつもんに　こたえて　かん字《じ》を　つかって　かこう。

⑥ 1〜5を　かん字《じ》で　かこう。

一

⑦ 6〜10を　かん字《じ》で　かこう。

六

⑧ きょうは　なん月《がつ》　なん日《にち》？

月《がつ》　日《にち》

⑨ よう日《び》を　すべて　かこう。

月

⑩ きょうは　なんよう日《び》？

よう日《び》

10もん中《ちゅう》、なんもん　あって　いましたか？

もん／10もん

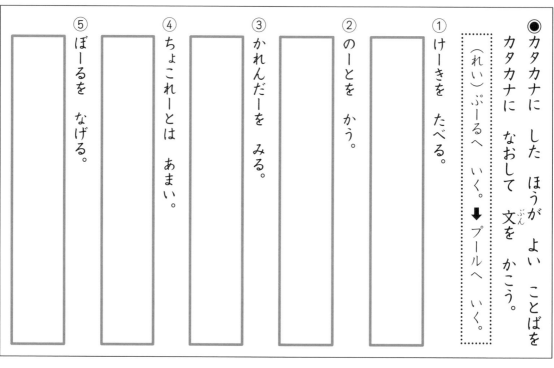

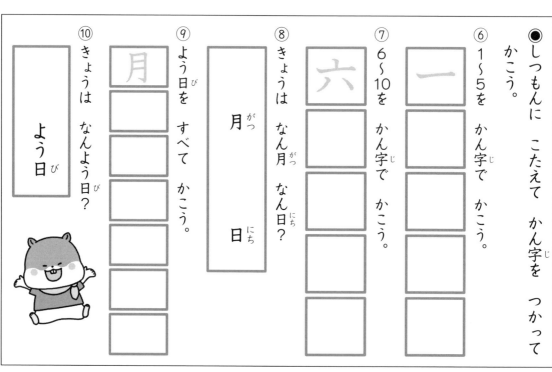

すてっぷ
1
かん字

（　　　）月（　　　）日（　　　）よう日

チャレンジテスト２

◎ ―の ぶぶんを かん字《じ》に なおして 文《ぶん》を かこう。

（れい）あめが ふる。
⬇
雨《あめ》が ふる。

① がっこうの せんせい。

② かいだんの うえと した。

③ みぎてと ひだりて。

④ やまや かわ。

⑤ おとこの人《ひと》と おんなの人《ひと》。

◎ ―の ぶぶんを かん字《じ》に なおして 文《ぶん》を かこう。

⑥ めと みみの けんさ。

⑦ おおきい 音《おと》と ちいさい 音《おと》。

⑧ あかぐみと しろぐみ。

⑨ でたり はいったり する。

⑩ ひゃくえんだまと せんえんさつ。

10もん中《ちゅう》、なんもん あって いましたか？　もん／10もん

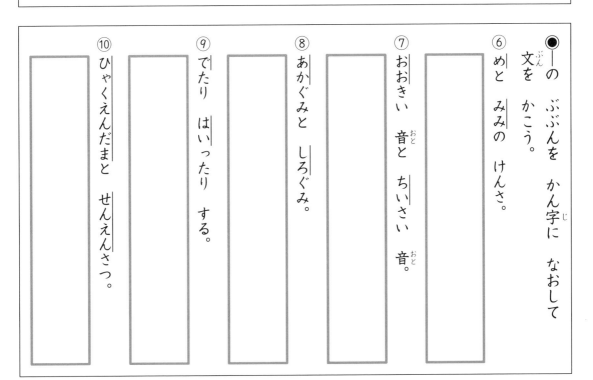

こたえ

すてっぷ 1 かん字

●9ページ【★かん字《じ》4】
（へやの　中《なか》に　ある　もの）とけい／ぬいぐるみ／つくえ／いす

●10ページ【★かん字《じ》5】
（かけるかな？）りんご／にんじん／だいこん／ぶどう

●13ページ【★かん字《じ》8】
（えを　見《み》て）（ケーキ）／ノート／テスト

●14ページ【★かん字《じ》9】
（えを　見《み》て）ホテル／ソフトクリーム／ライオン／ラーメン

●15ページ【★かん字《じ》10】
（えを　見《み》て）ゴリラ／テレビ／バス／バナナ／パン

●18ページ【かん字《じ》13】
（りんごは　いくつ？）一《ひと》つ／三《みっ》つ

●25ページ【かん字《じ》20】
（かけるかな？）山《やま》に　のぼる。／川《かわ》で　およぐ。

●27ページ【かん字《じ》22】
（かいて　みよう）（上《うえ》から）耳《みみ》／目《め》／口《くち》
（つなげて　文《ぶん》に　しよう）

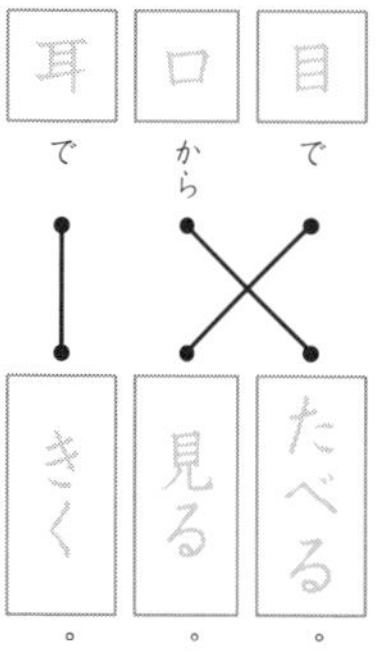

●36ページ【かん字《じ》31】
（かん字《じ》を　かいて）雨《あめ》が　ふる。／青《あお》い　空《そら》。

●42ページ【チャレンジテスト1】
①ケーキを　たべる。
②ノートを　かう。
③カレンダーを　みる（見《み》る）。
④チョコレートは　あまい。
⑤ボールを　なげる。
⑥一《いち》二《に》三《さん》四《し》五《ご》
⑦六《ろく》七《しち》八《はち》九《きゅう》十《じゅう》
⑧（　）月《がつ》（　）日《にち》
⑨月《げつ》火《か》水《すい》木《もく》金《きん》土《ど》日《にち》
⑩（　）よう日《び》

●43ページ【チャレンジテスト2】
①学校《がっこう》の　先生《せんせい》。
②かいだんの　上《うえ》と　下《した》。
③右手《みぎて》と　左手《ひだりて》。
④山《やま》や　川《かわ》。
⑤男《おとこ》の人《ひと》と　女《おんな》の人《ひと》。
⑥目《め》と　耳《みみ》の　けんさ。
⑦大《おお》きい　音《おと》と　小《ちい》さい　音《おと》。
⑧赤《あか》ぐみと　白《しろ》ぐみ。
⑨出《で》たり　入《はい》ったり　する。
⑩百円玉《ひゃくえんだま》と　千円《せんえん》さつ。

サポートドリル執筆者

株式会社Grow-Sさくらんぼ教室

勉強が苦手な子ども、発達障害をもつ子どものための学習塾。1990年開設。千葉県・東京都・神奈川県・茨城県の13教室で2才〜社会人まで2,500人が学習中（2021年3月現在）。

さくらんぼ教室ホームページ▼
http://www.sakuranbo-class.com/

伊庭 葉子（いば・ようこ）〔監修〕

株式会社Grow-S代表取締役（特別支援教育士）

1990年より発達障害をもつ子どもたちの学習塾「さくらんぼ教室」を展開。

小寺 絢子（こでら・あやこ）

株式会社Grow-S教室運営部・教務リーダー

さくらんぼ教室・教室長を歴任。
現在は教務リーダーとして、カリキュラムの作成、教材作成、人材育成など幅広く担当している。

内容見本

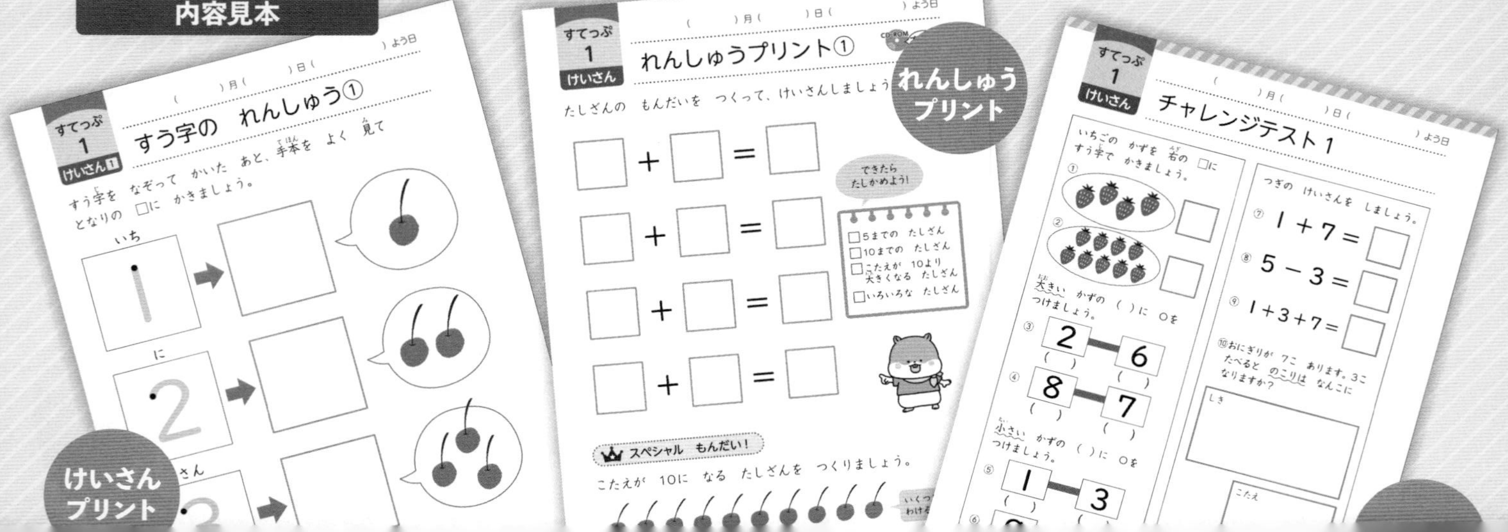

ご注文

〈CD-ROM付き〉自分のペースで学びたい子のための
サポートドリル　かんじ・けいさん すてっぷ①
•B5判　•定価1,980円（本体1,800円+税）
•ISBN978-4-7619-2704-2
2021年4月下旬刊行
　　冊

〈CD-ROM付き〉自分のペースで学びたい子のための
サポートドリル　かんじ・けいさん すてっぷ②
•B5判　•定価1,980円（本体1,800円+税）
•ISBN978-4-7619-2705-9
2021年4月下旬刊行
　　冊

続刊のご案内
サポートドリル すてっぷ③、すてっぷ④ ▶ 2021年6月下旬刊行予定
サポートドリル すてっぷ⑤、すてっぷ⑥ ▶ 2021年8月下旬刊行予定

書店印	(フリガナ) お名前		TEL
	お届け先ご住所 □自宅届 □学校届	〒 学校名	

●最寄の書店にご注文いただいてもお取り寄せできます。（注文書を書店にお渡しください。）　●当社より直接希望の方は、必要事項をご記入の上、下記番号までFAXください。　●書籍と共に振込用紙を同封しますので、到着後お支払い下さい。　●送料は無料です。
●ホームページからもご注文できます。➡**http://www.gakuji.co.jp**

ご注文に関するお問い合わせ
FAX 03-3255-8854
学事出版 営業部 ☎03-3255-0194
千代田区外神田2-2-3　E−Mail eigyoubu@gakuji.co.jp

●学年にとらわれず、お子さんの得意・不得意に合わせて、ちょうどよい「すてっぷ」を選べるので、**通級指導教室**や**特別支援学級・学校**での個別指導に活用できるほか、家庭学習用教材としても役立ちます。

●“れんしゅうプリント”を活用することで、さらに個々に合わせた学びを広げることができます。学校やご家庭でもお子さんと一緒にたくさん問題を作ってみてください。

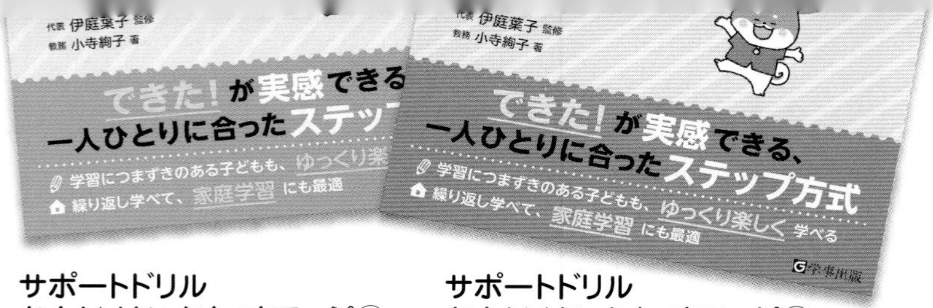

サポートドリル かんじ・けいさん すてっぷ①

- B5判
- 定価1,980円（本体1,800円+税）
- ISBN978-4-7619-2704-2

サポートドリル かんじ・けいさん すてっぷ②

- B5判
- 定価1,980円（本体1,800円+税）
- ISBN978-4-7619-2705-9

すてっぷ①・すてっぷ②　2021年4月下旬刊行

サポートドリルの特長

① 学びやすいサポートが入っているので、「できた!」が実感できる!

- 「かけるかな」「よめたら まるを つけよう」「スペシャルもんだい」などの課題を進めるごとに、「できた!」が実感でき、自信が持てるようになります。

② 繰り返し練習することで、漢字や計算の基礎が身につく!

- 付属のCD-ROMからPDFデータをプリントして、何度も使えます。
- 「れんしゅうプリント」を使って、オリジナル問題を作りながら、何度も練習できます。

③ 学習につまづきのある子、学習習慣がついていない子も自分のペースで学べる!

④ 子どもたちの生活の中で考える、イラストを使った身近で楽しい問題!

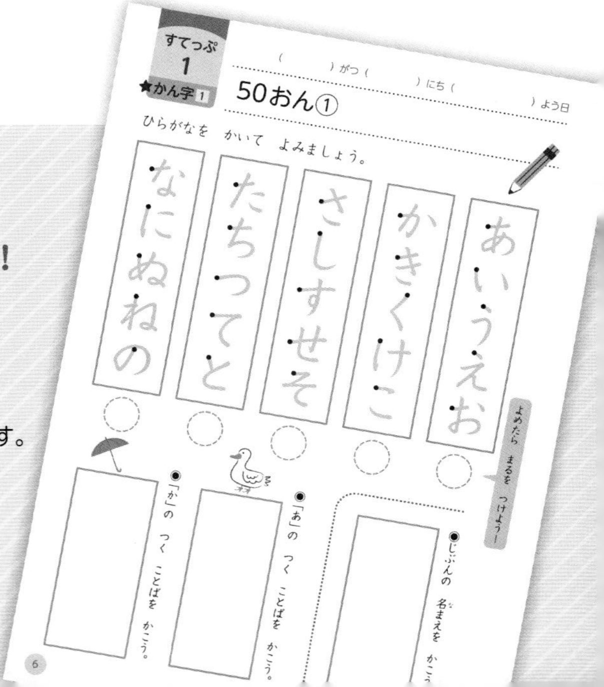

すてっぷ1 けいさん

- かずを　かぞえて　みよう!
- たしざんや　ひきざんに　チャレンジしよう!

さんすうの　力《ちから》を　チェック!

- □ 30までの　すう字《じ》を　よむ　ことが　できる。
- □ 30までの　すう字《じ》を　かく　ことが　できる。
- □ 30までの　かずを　かぞえる　ことが　できる。
- □ 「おおい」「すくない」を　くらべる　ことが　できる。
- □ たしざんが　できる。(10まで・くりあがり)
- □ ひきざんが　できる。(10まで・くりさがり)
- □ 3つの　かずの　たしざん・ひきざんが　できる。
- □ たしざん・ひきざんの　文《ぶん》しょうもんだいから　しきを　立《た》てて　こたえを　もとめる　ことが　できる。

（　　　）月（　　　）日（　　　　）よう日

すう字の　れんしゅう①

すう字《じ》を　なぞって　かいた　あと、手本《てほん》を　よく　見《み》て
となりの　□に　かきましょう。

いち

1 → □

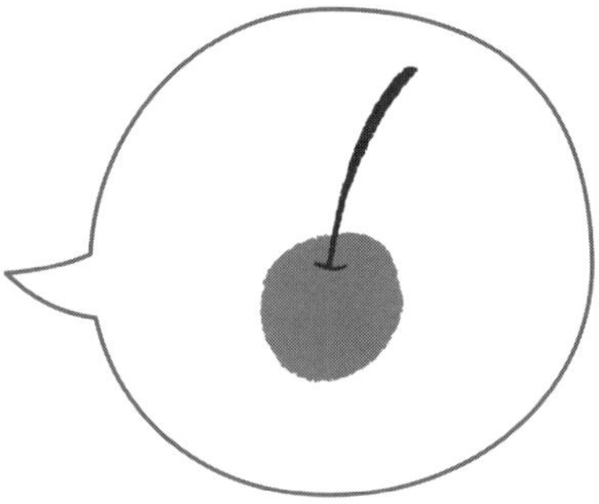

に

2 → □

さん

3 → □

スペシャル　もんだい！

いちごが　□　つ　あります。

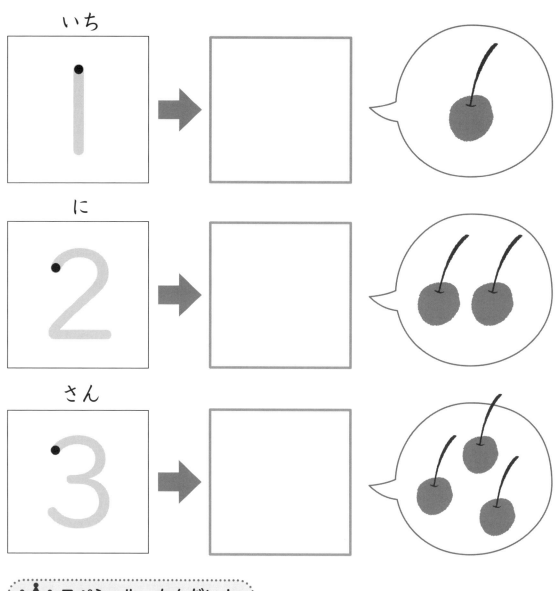

（　　　）月（　　　）日（　　　　　）よう日

すう字の　れんしゅう②

すう字《じ》を　なぞって　かいた　あと、手本《てほん》を　よく　見《み》て
となりの　□に　かきましょう。

し（よん）

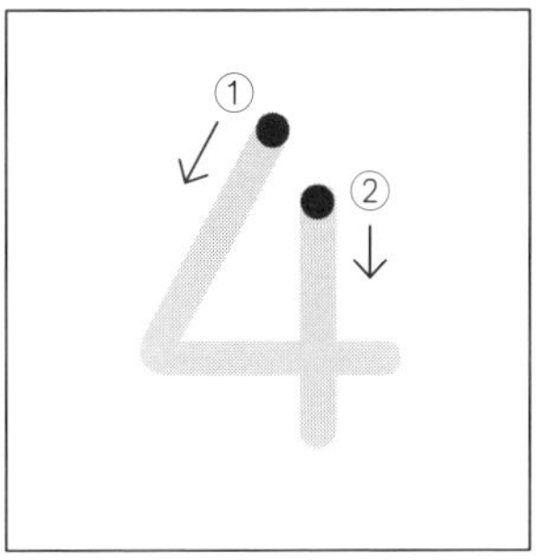

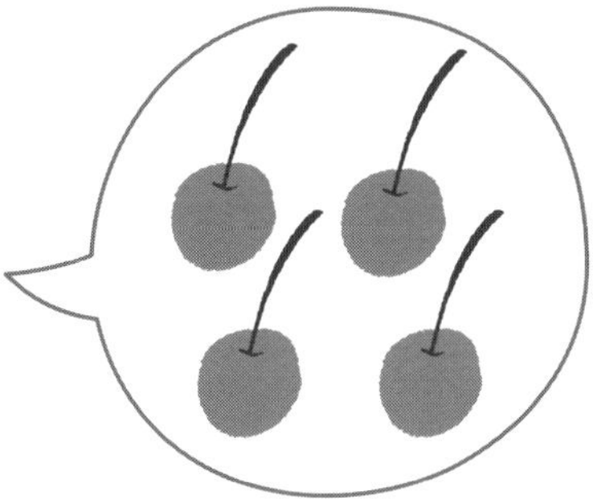

ご

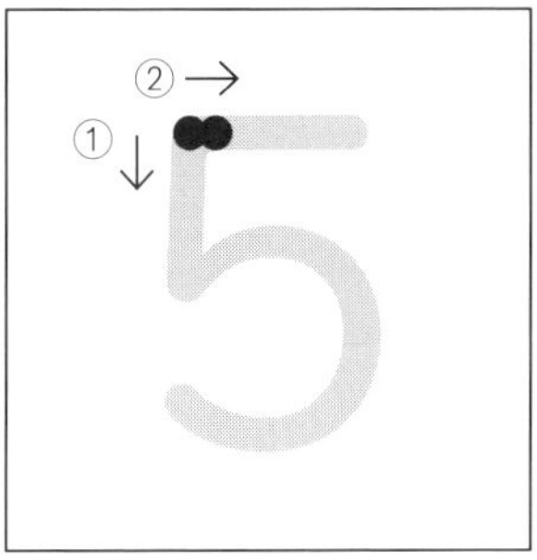

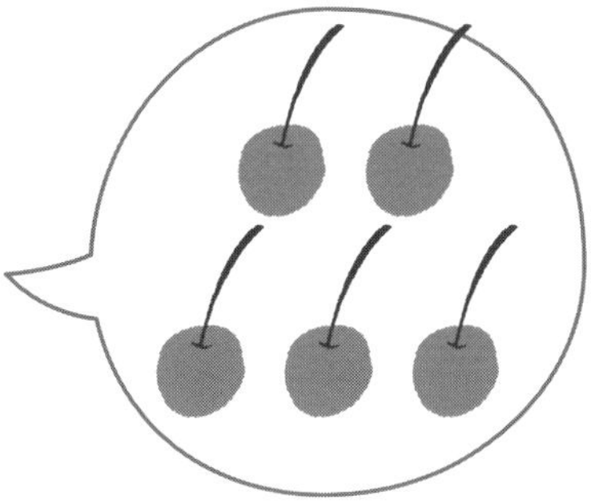

ろく

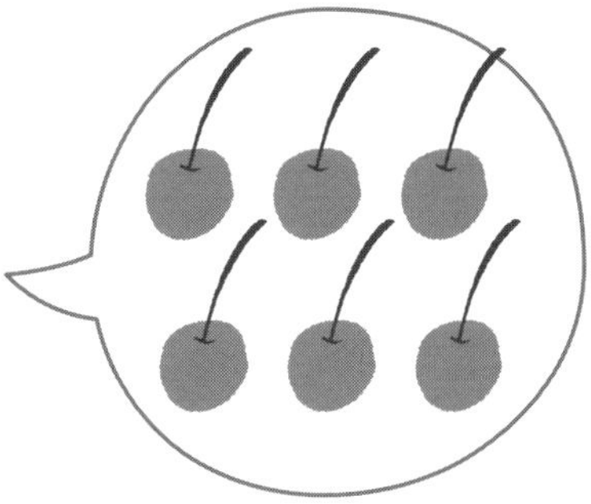

スペシャル　もんだい！

車《くるま》が　□　だい
はしって　います。

すてっぷ
1
けいさん 3

（　　　）月（　　　）日（　　　）よう日

すう字の　れんしゅう③

すう字《じ》を　なぞって　かいた　あと、手本《てほん》を　よく　見《み》て
となりの　□に　かきましょう。

しち（なな）

②→ ①↓ 7 ➡ □

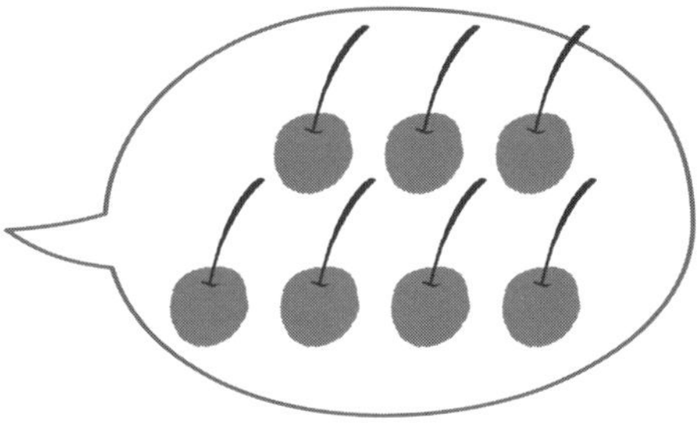

はち

8 ➡ □

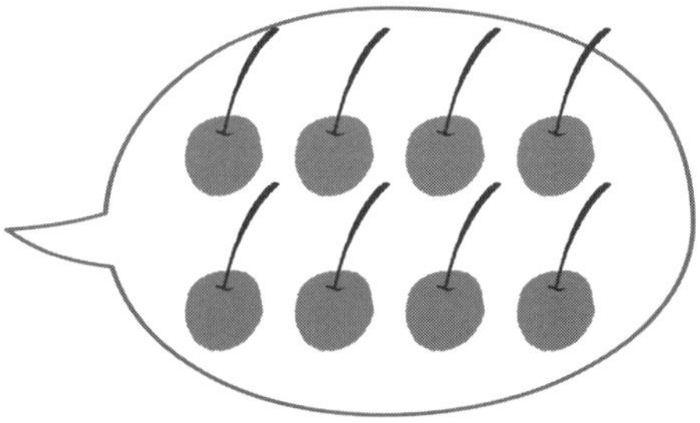

く（きゅう）

9 ➡ □

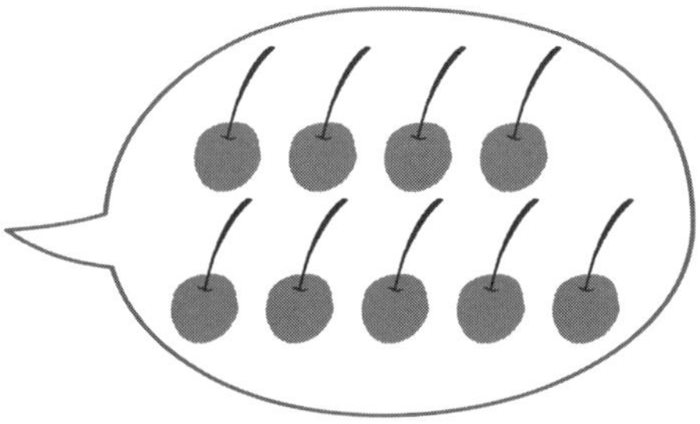

じゅう

10 ➡ □

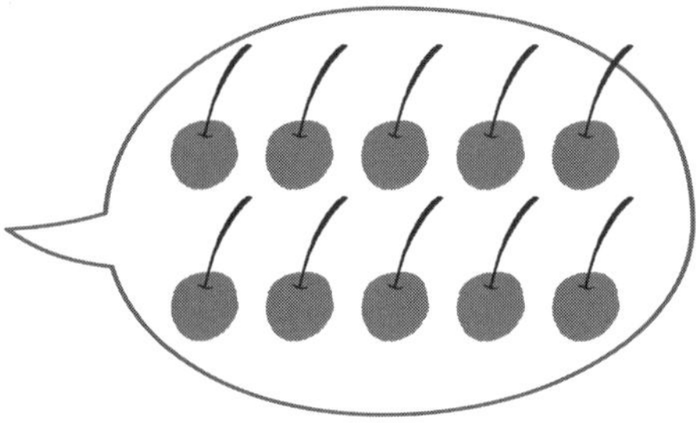

スペシャル　もんだい！

ボールが □ こ　あります。

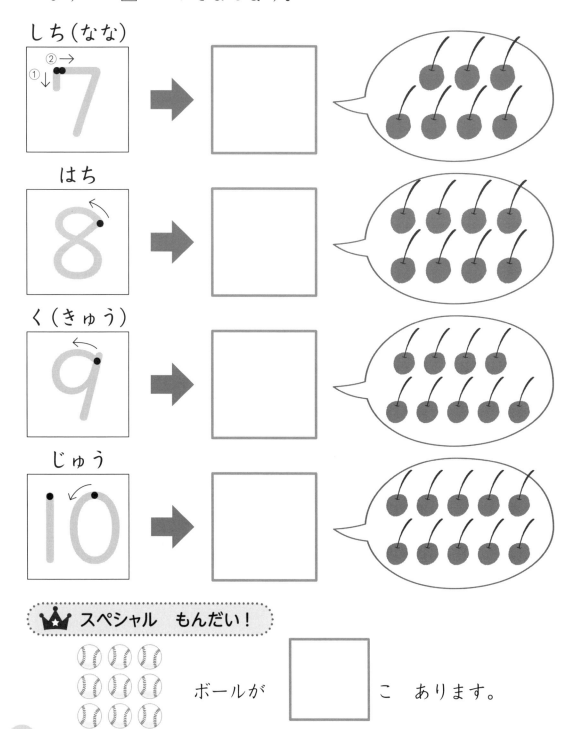

(　　　　)月(　　　　)日(　　　　　　)よう日

5までの　かず①

かずと　おなじだけ　○に　いろを　ぬりましょう。

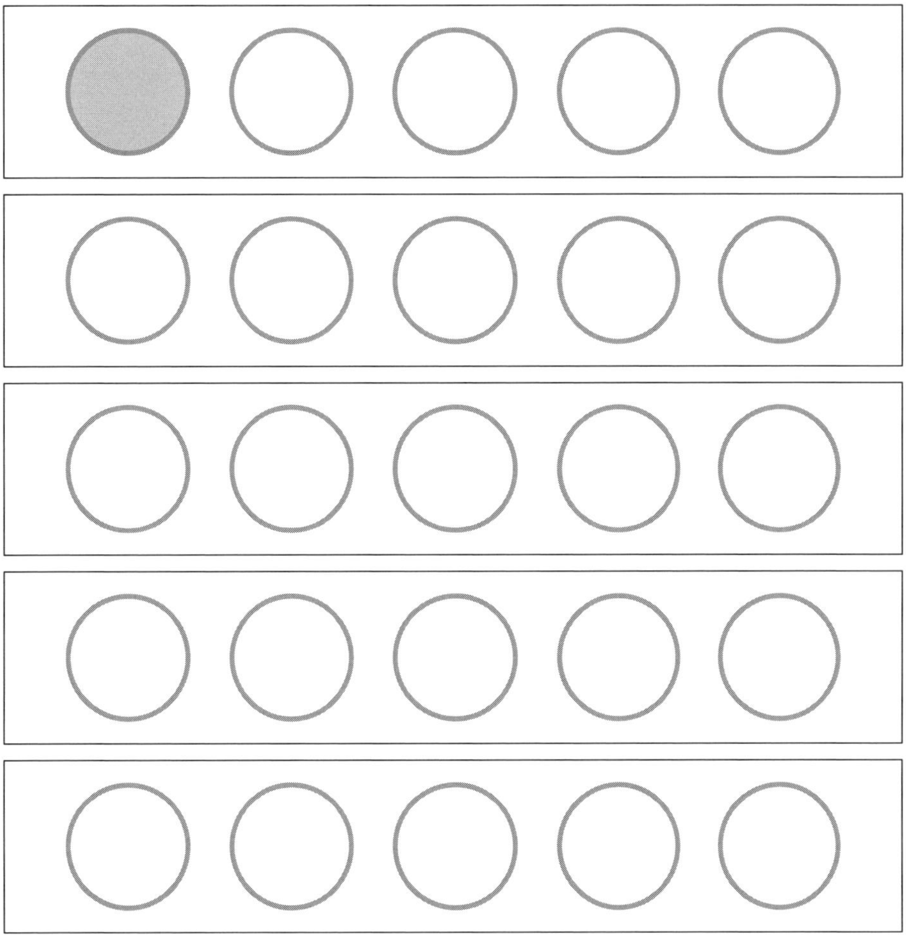

1
2
3
4
5

スペシャル　もんだい！

いちごの　かずが　おおい　ほうの　□に　○を　つけましょう。

（　　　）月（　　　）日（　　　　）よう日

5までの　かず②

かずが　おなじ　ものを　せんで　むすびましょう。

3・　・
4・　・
1・　・
2・　・
5・　・

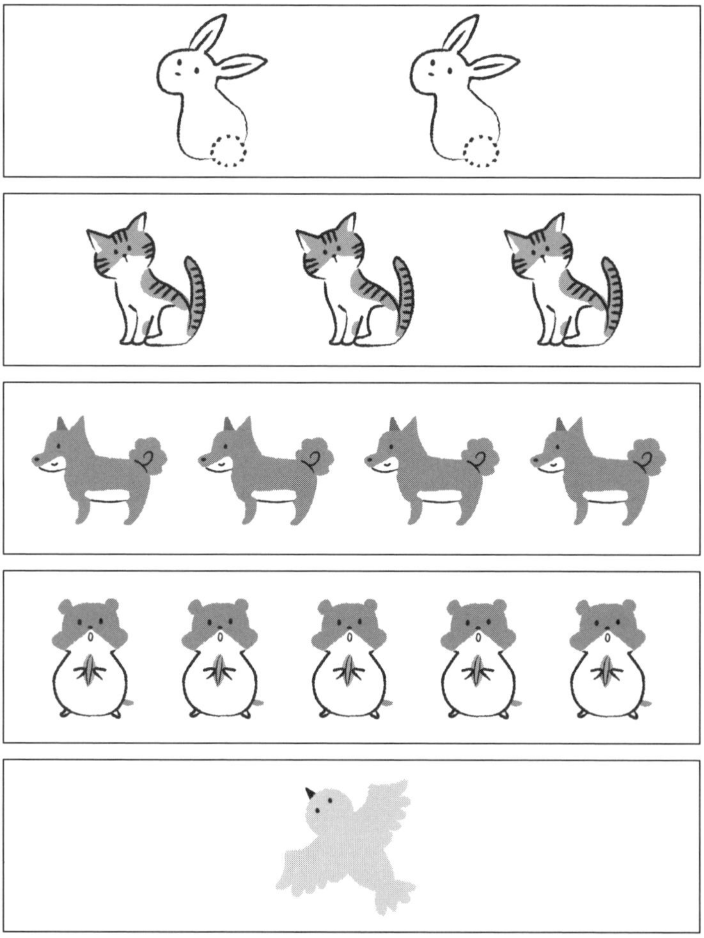

スペシャル　もんだい！

トラックと　車《くるま》、おおい　ほうの　□に　○を　つけましょう。

□

トラック

□

車《くるま》

すてっぷ 1
けいさん 6

（　　　）月（　　　）日（　　　　）よう日

5までの　かず③

どうぶつの　かずを　すう字《じ》で　かきましょう。

（1）

（2）

（3）

（4）

（5）

スペシャル　もんだい！

おさらの　上《うえ》に　りんごを　5こ　かきましょう。

( )月( )日( )よう日

10までの かず①

かずと おなじだけ ○に いろを ぬりましょう。

6	●●●●● ●○○○○
7	○○○○○ ○○○○○
8	○○○○○ ○○○○○
9	○○○○○ ○○○○○
10	○○○○○ ○○○○○

スペシャル もんだい！

いちごの かずが おおい ほうの □に ○を つけましょう。

□  □ 

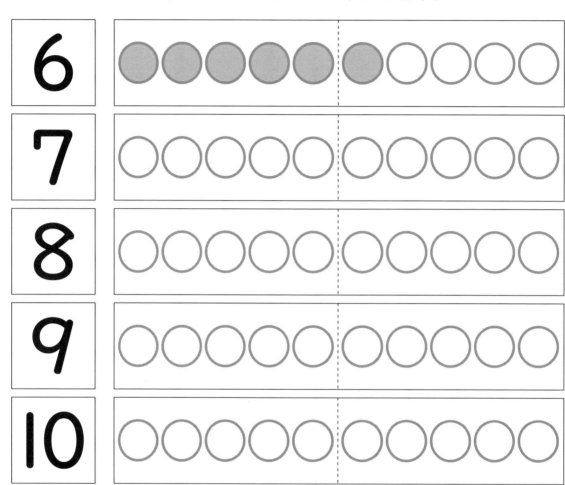

（　　　　）月（　　　　）日（　　　　　）よう日

10までの　かず②

かずが　おなじ　ものを　せんで　むすびましょう。

7 ・　　　・ 

10 ・　　　・ 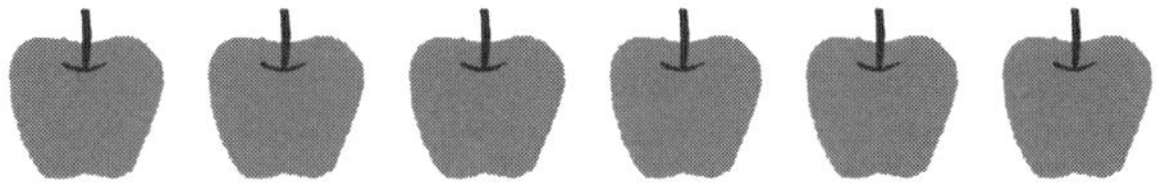

6 ・　　　・ 

8 ・　　　・ 

9 ・　　　・ 

スペシャル　もんだい！

トラックと　車《くるま》、おおい　ほうの　□に　○を　つけましょう。

□ 

トラック

□ 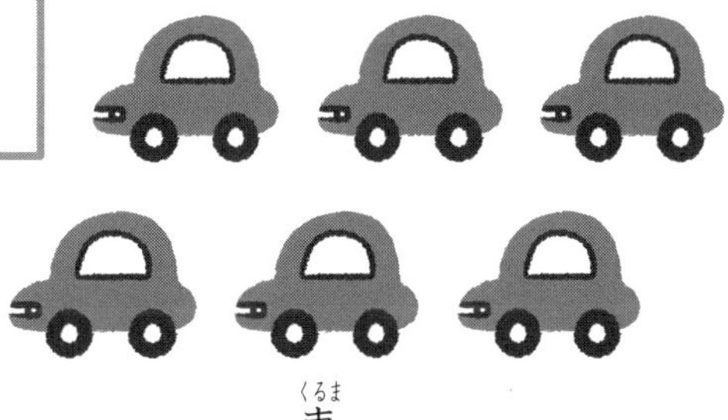

車《くるま》

すてっぷ
1
けいさん 9

(　　　)月(　　　)日(　　　　　)よう日

10までの　かず③

くだもののの　かずを　かぞえて　すう字《じ》で　かきましょう。

(1) 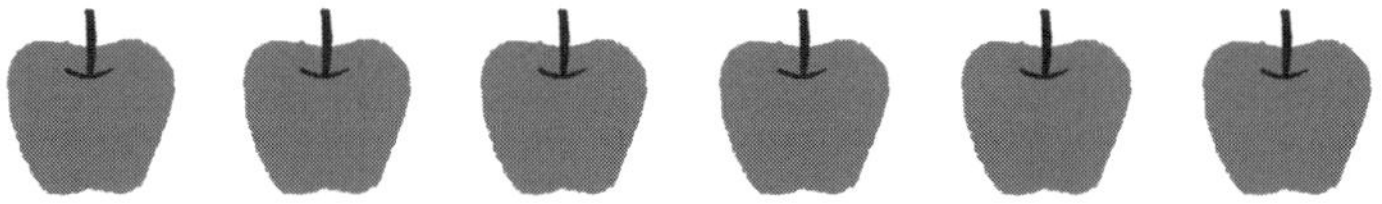

(2) 

(3) 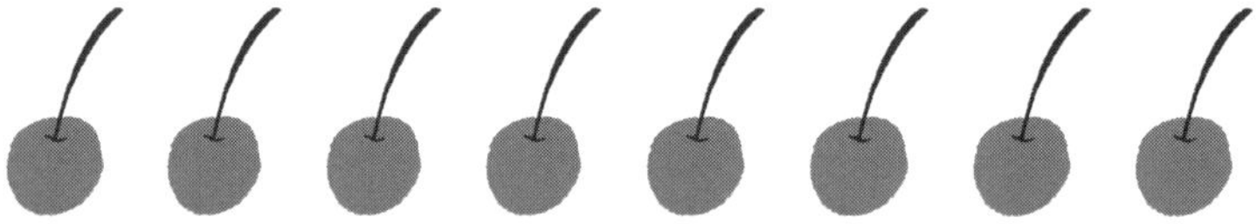

(4) 

(5) 

スペシャル　もんだい！

おさらの　上《うえ》に　みかんを　7こ　かきましょう。

（　　　）月（　　　）日（　　　　　）よう日

10までの　かず④

おさらに　のっている　いちごの　かずを　すう字《じ》で
かきましょう。

(1)

こ

(2)

こ

(3)

こ

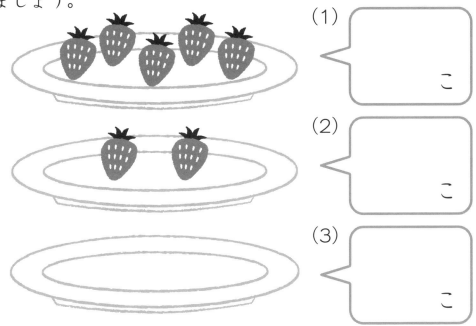

0を　かきましょう。

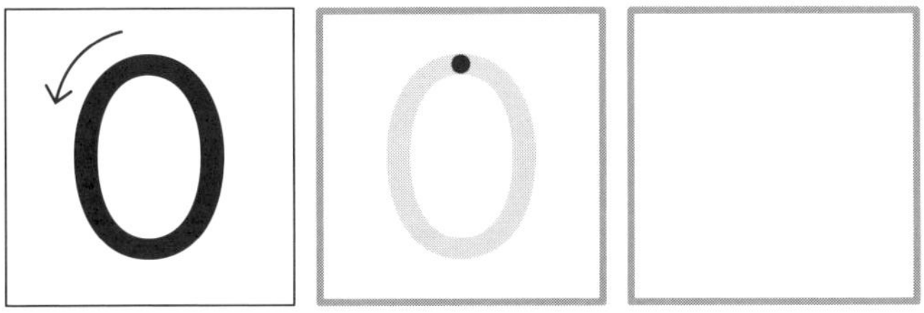

0は 「れい」と
よむよ！
なにも ないと
いう ことだよ。

スペシャル　もんだい！

すう字《じ》の　かずだけ　○に　いろを　ぬりましょう。

3　○○○○○

0　○○○○○

8　○○○○○○○○○○

すてっぷ
1
けいさん 11

（　　　）月（　　　）日（　　　　）よう日

おおい・すくない

(1) あさがおと　ひまわり　どちらが　おおい？　おおい　ほうの
□に　○を　つけましょう。

□ あさがお　　□ ひまわり

(2) たんぽぽと　チューリップ　どちらが　すくない？
すくない　ほうの　□に　○を　つけましょう。

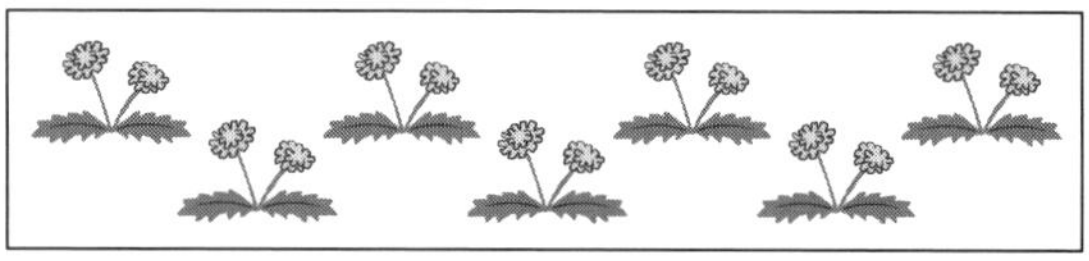
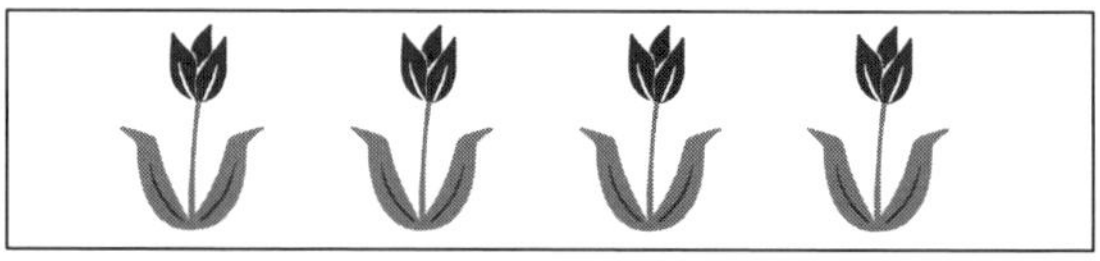

□ たんぽぽ　　□ チューリップ

(3) かえると　ひよこ　どちらが　おおい？　おおい　ほうの
□に　○を　つけましょう。

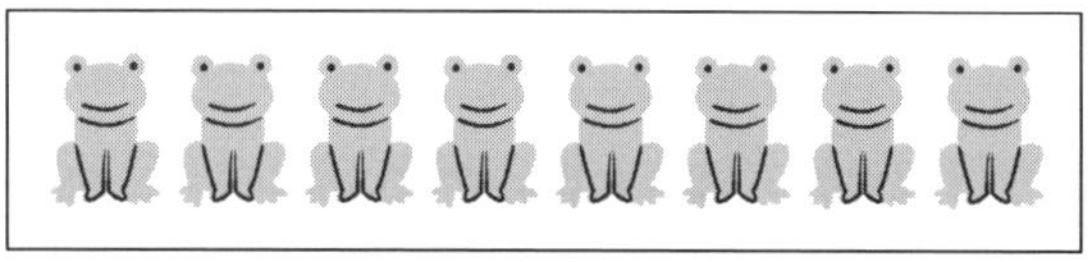

□ かえる　　□ ひよこ

スペシャル　もんだい！

おおい　じゅんばんに　（　）に　ばんごうを　かきましょう。

（　　）

（　　）

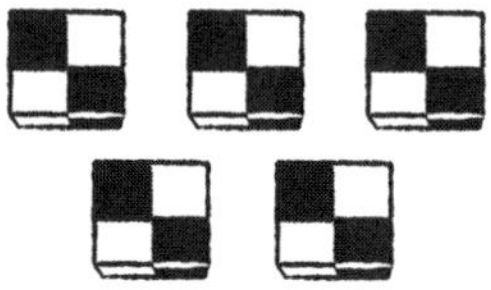
（　　）

すてっぷ
1
けいさん 12

（　　　）月（　　　）日（　　　　　）よう日

大《おお》きい・小《ちい》さい

1 かずが　大《おお》きい　ほうの　（　）に　○を　つけましょう。

(1) 2 ― 6
（　）（　）

(2) 4 ― 1
（　）（　）

(3) 9 ― 6
（　）（　）

(4) 8 ― 5
（　）（　）

2 かずが　小《ちい》さい　ほうの　（　）に　○を　つけましょう。

(1) 7 ― 1
（　）（　）

(2) 2 ― 4
（　）（　）

(3) 8 ― 5
（　）（　）

(4) 10 ― 6
（　）（　）

スペシャル　もんだい！

かずが　小《ちい》さい　じゅんばんに　（　）に　ばんごうを　かきましょう。

8　　2　　5　　6
（　）（　）（　）（　）

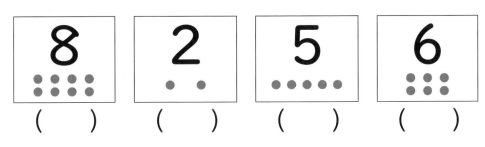

すてっぷ 1
けいさん13

(　　)月(　　)日(　　)よう日

20までの　かず①

11から　20までの　すう字《じ》を　なぞって　かきましょう。

11	12	13	14	15
16	17	18	19	20

くだものの　かずを　かぞえて　すう字《じ》で　かきましょう。

(1) 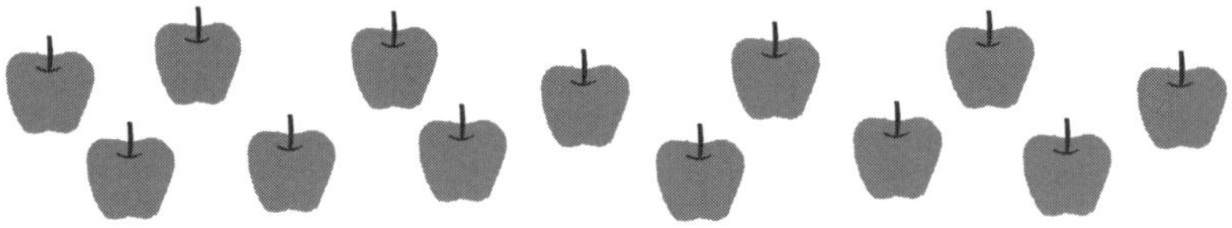
　　こ

(2) 
　　本《ほん》

(3) 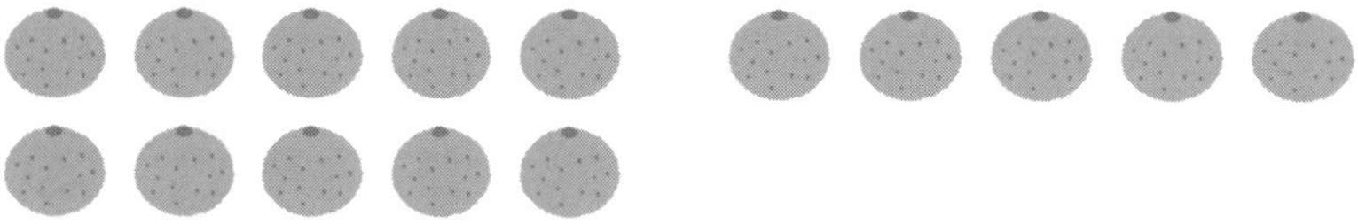
　　こ

スペシャル　もんだい！

おおい　ほうの　(　)に　○を　つけましょう。

(1) あめの　ふくろ

(　)

(　)

(2) クッキーの　はこ

(　)

(　)

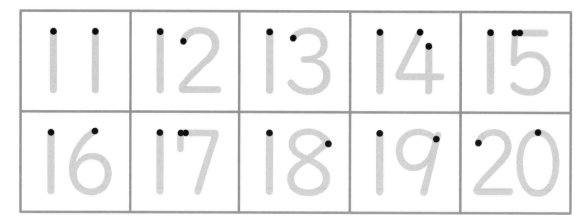

（　　　）月（　　　）日（　　　　）よう日

20までの　かず②

11から　20までの　すう字《じ》を　かきましょう。

11	12	13	14	15
16	17	18	19	20

□に　あてはまる　かずを　かきましょう。

(1) 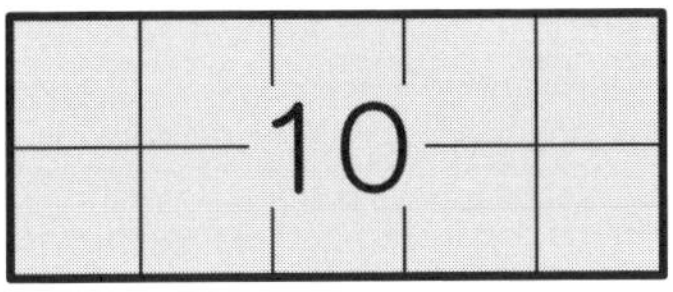

と 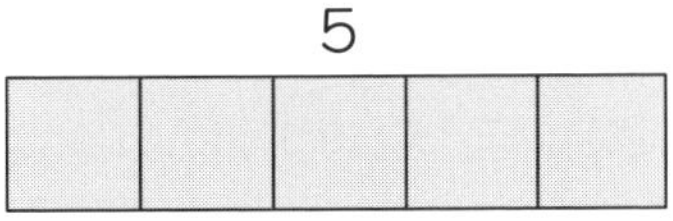

で □

(2) 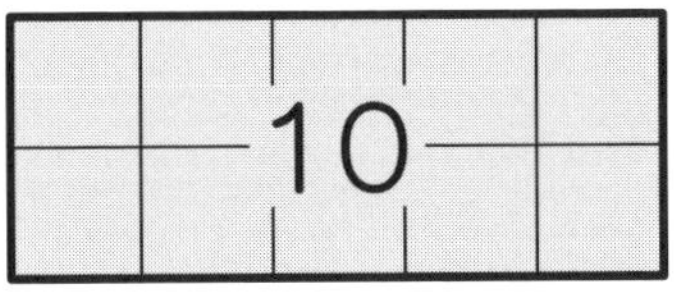

と 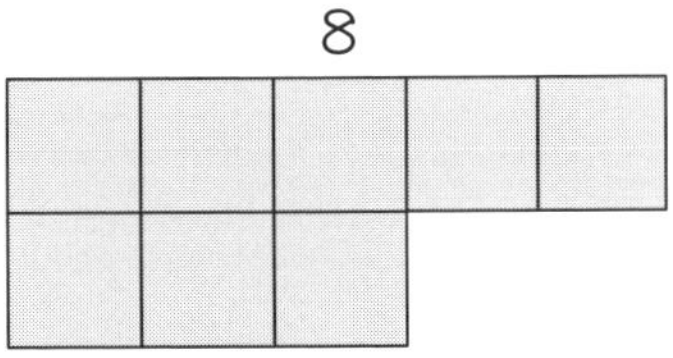

で □

(3) 13 は 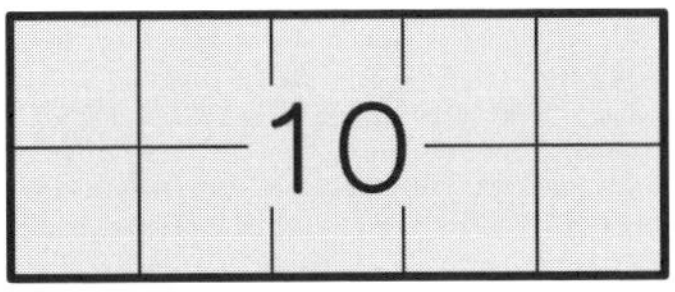

と □

スペシャル　もんだい！

なん円《えん》ですか？

□円《えん》

（　　　）月（　　　）日（　　　　　）よう日

30までの　かず

21から　30までの　すう字《じ》を　なぞって　かきましょう。

21	22	23	24	25
26	27	28	29	30

かずを　かぞえて　すう字《じ》で　かきましょう。

（1）
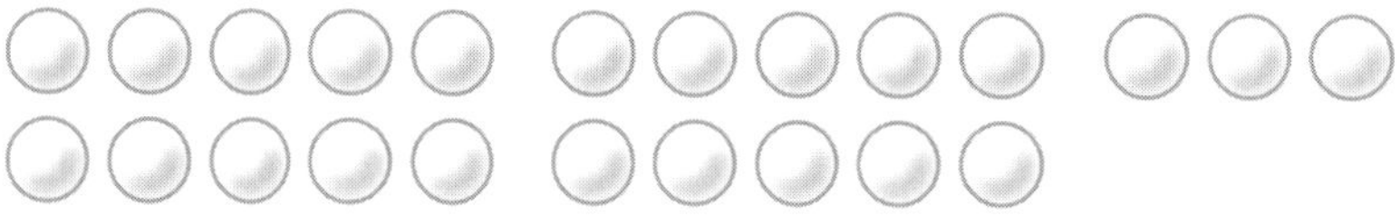

[　　　]こ

（2）
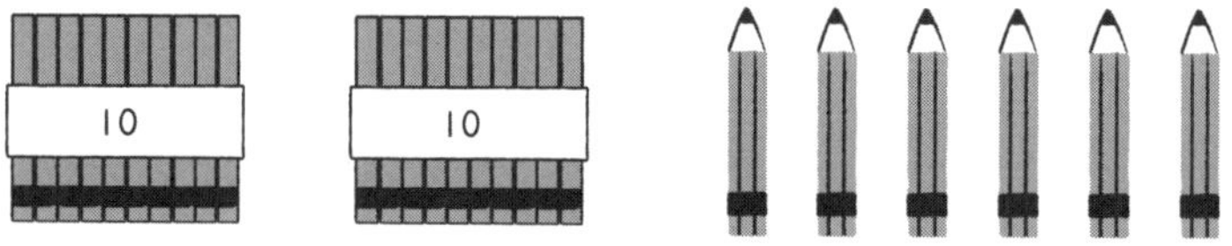

[　　　]本《ほん》

（3）
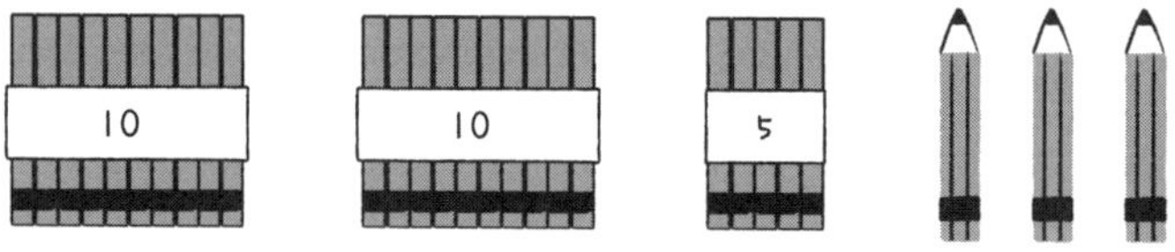

[　　　]本《ほん》

スペシャル　もんだい！

やすい　ほうの　（　）に　○を　つけましょう。

（1）
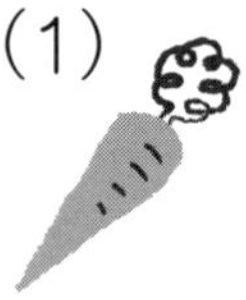
にんじん
27 円《えん》
（　　）

トマト
23 円《えん》
（　　）

（2）

あめ
20 円《えん》
（　　）

クッキー
30 円《えん》
（　　）

すてっぷ
1
けいさん16

（　　　）月（　　　）日（　　　　　）よう日

5までの　たしざん

あわせて　なんこですか？

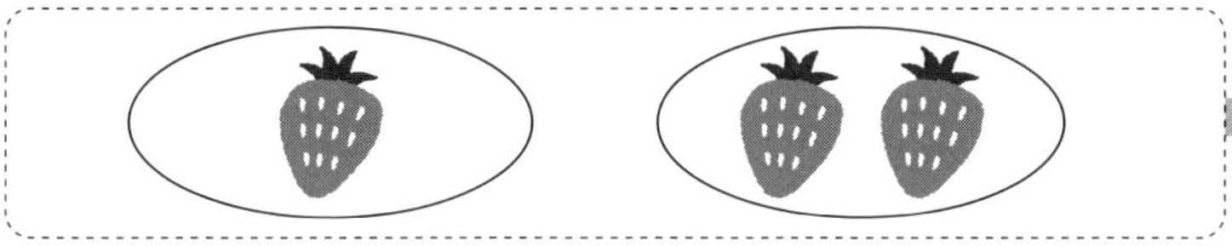

ぜんぶ　かぞえると…

1　たす　2　は

□ ＋ □ ＝ □

こたえ
3 こ

かずの　ぶんの　○を　かいて、たしざんを　しましょう。

(1)　2 ＋ 3 ＝ □

○○　○○○

○を　かこう！

(2)　4 ＋ 1 ＝ □

○を　かこう！

○を　かこう！

スペシャル　もんだい！

はこの　中《なか》に　いちごの　ケーキが　2こ、
チョコレートケーキが　2こ　あります。
あわせて　なんこですか？

しき	こたえ
	こ

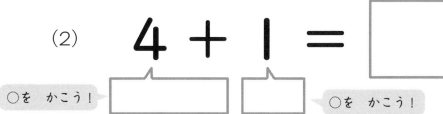

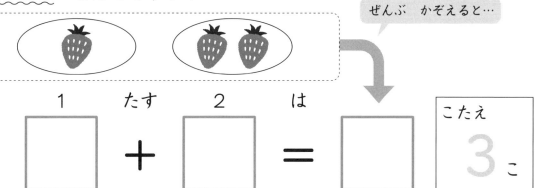

（　　　）月（　　　）日（　　　　）よう日

5までの　ひきざん

いちごが　5こ　あります。2こ　たべると　のこりは　なんこに　なりますか？

たべた　かずだけ
×を　つけよう。
のこりを　かぞえると…

5　ひく　2　は

□ − □ ＝ □

こたえ　3こ

○と　×を　かいて　ひきざんを　しましょう。

(1)　4 − 1 ＝ □

○○○⊗

1つ　×を　つけよう！

(2)　3 − 2 ＝ □

じぶんで　○と　×を　かこう！

スペシャル　もんだい！

れいぞうこの　中《なか》に　プリンが　2こ　あります。
1こ　たべると　のこりは　なんこに　なりますか？

しき	こたえ
	こ

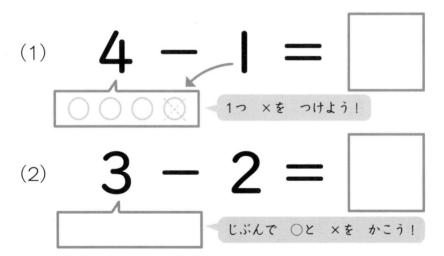

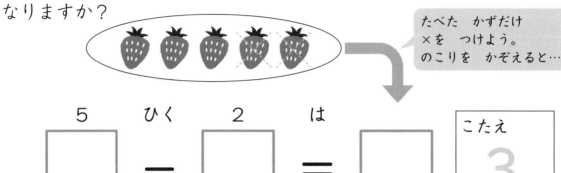

すてっぷ 1
けいさん18

（　　　）月（　　　）日（　　　　　）よう日

5までの　けいさん

1 ○を　かいて　たしざんを　しましょう。

(1)　1 ＋ 3 ＝ □

○

(2)　3 ＋ 2 ＝ □

2 ○と　×を　かいて　ひきざんを　しましょう。

(1)　5 － 4 ＝ □

(2)　4 － 2 ＝ □

スペシャル　もんだい！

ゆうきさんは　あめを　3こ　もっています。
まきさんに　1こ　もらうと　なんこに　なりますか？

しき	こたえ
	こ

（　　　）月（　　　）日（　　　　　）よう日

10までの　たしざん

みかんが　5こ　あります。あと3こ　もらうと、なんこに
なりますか？

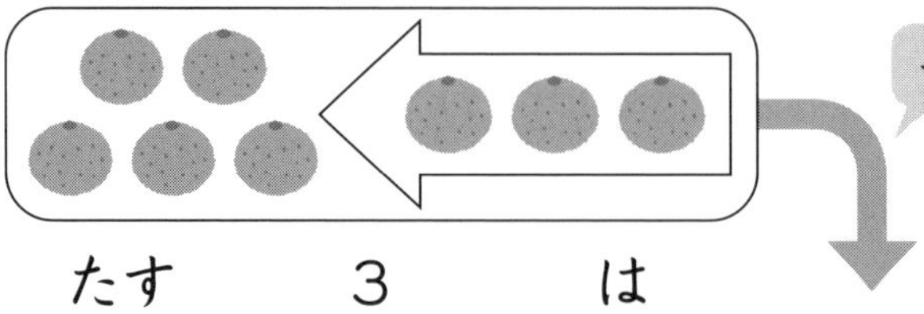

ぜんぶ　かぞえると…

5　たす　3　は

□＋□＝□

こたえ
8こ

右《みぎ》の　かずに　○を　かいて、たしざんを　しましょう。

りょうほうの　かずに
○を　かいても　いいよ。
やりやすい　ほうほうで
けいさんしよう！

(1)　4＋3＝□

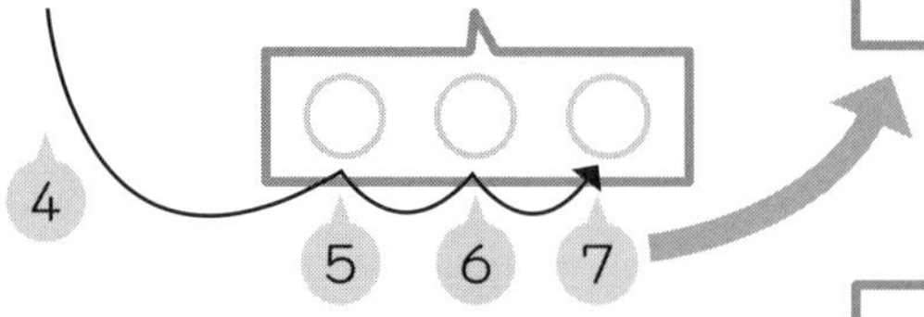

(2)　7＋2＝□

スペシャル　もんだい！

ねこが　6ぴき　います。あと　2ひき　くると、
あわせて　なんびきに　なりますか？

しき	こたえ
	ひき

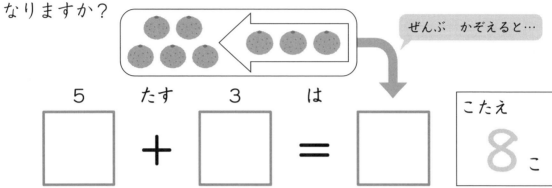

すてっぷ
1
けいさん20

（　　　）月（　　　）日（　　　　　）よう日

10までの　ひきざん

ことりが　8わ　とまっています。5わ　とんでいくと　のこりは　なんわに　なりますか？

とんでいった　ことりに　×を　つけよう。のこりを　かぞえると…

8　ひく　5　は

□ － □ ＝ □

こたえ　3わ

○と　×を　かいて　ひきざんを　しましょう。

(1)　$10 - 7 =$ □

(2)　$6 - 4 =$ □

□

じぶんで　○と　×を　かこう！

スペシャル　もんだい！

たべた　クッキーに　×を　つけよう！

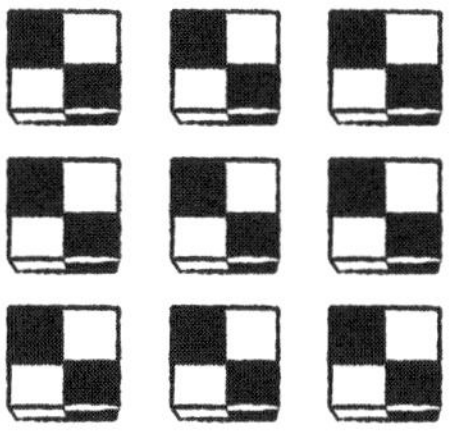

クッキーが　9まい　あります。6まい　たべると　のこりは　なんまいに　なりますか？

しき	こたえ
	まい

すてっぷ
1
けいさん21

（　　　）月（　　　）日（　　　　）よう日

10までの　けいさん

1 小《ちい》さい　ほうの　かずに　○を　かいて　たしざんを　しましょう。

(1)　1 ＋ 7 ＝ □

○　8　7

りょうほうの
かずに　○を
かいても　いいよ！

(2)　4 ＋ 3 ＝ □

2 ○と　×を　かいて　ひきざんを　しましょう。

(1)　8 － 4 ＝ □

○○○○⊗⊗⊗⊗

(2)　10 － 6 ＝ □

じぶんで　○と
×を　かこう！

スペシャル　もんだい！

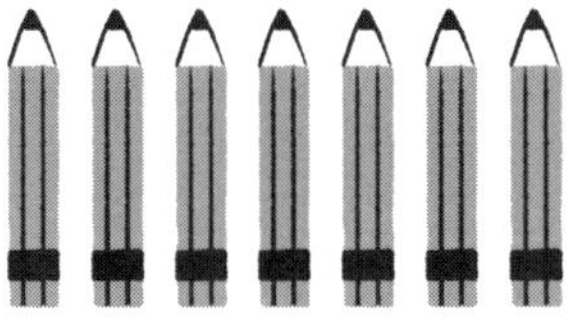

こうたさんは　えんぴつを　7本《ほん》　もっています。
おとうとに　3本《ぼん》　あげると　のこりは　なん本《ぼん》に　なりますか？

しき	こたえ　　本《ほん》

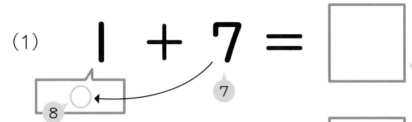

すてっぷ 1

けいさん 22

(　　　)月(　　　)日(　　　　)よう日

こたえが　10より　大きくなる　たしざん①

おりがみを　12まい　もっています。5まい　もらうと、
あわせて　なんまいに　なりますか？

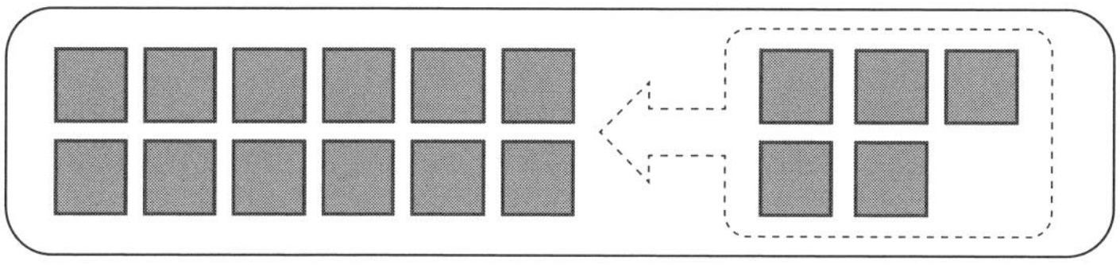

ぜんぶ
かぞえると…

12　たす　5　は

□ ＋ □ ＝ □

こたえ
17 まい

小《ちい》さい　ほうの　かずに　○を　かいて、たしざんを　しましょう。

(1)　11 ＋ 4 ＝ □

りょうほうの
かずに　○を
かいても　いいよ！

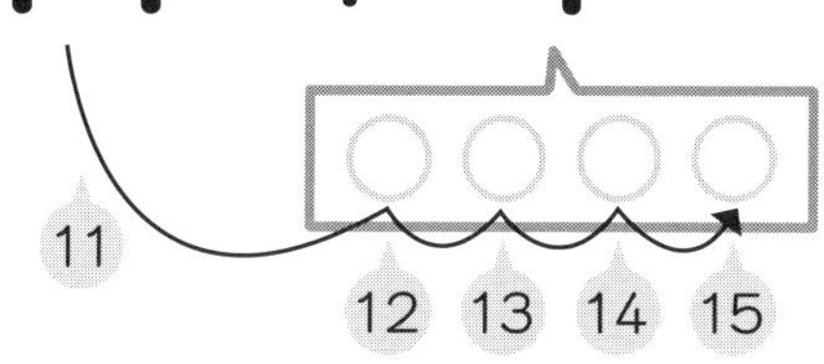

(2)　6 ＋ 13 ＝ □

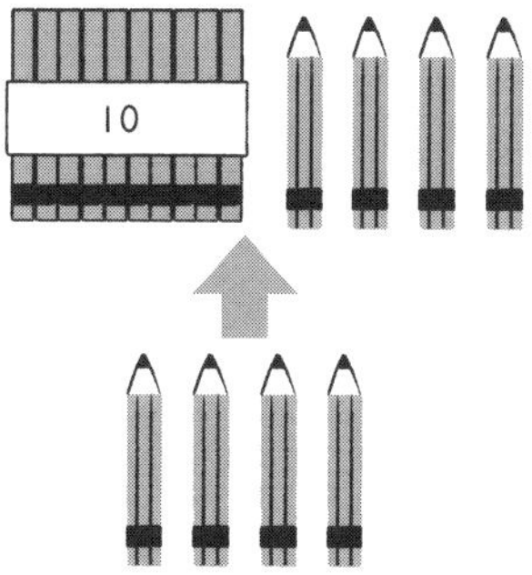

スペシャル　もんだい！

えんぴつが　14本《ほん》　あります。4本《ほん》　もらうと
あわせて　なん本《ぼん》に　なりますか？

しき

こたえ
本《ほん》

（　　　）月（　　　）日（　　　　　）よう日

こたえが　10より　大きくなる　たしざん②

あめを　8こ　もっています。3こ　もらうと、あわせて
なんこに　なりますか？

ぜんぶ
かぞえると…

8　たす　3　は

□ ＋ □ ＝ □

こたえ
11 こ

小《ちい》さい　ほうの　かずに　○を　かいて、たしざんを　しましょう。

(1)　7 ＋ 5 ＝ □

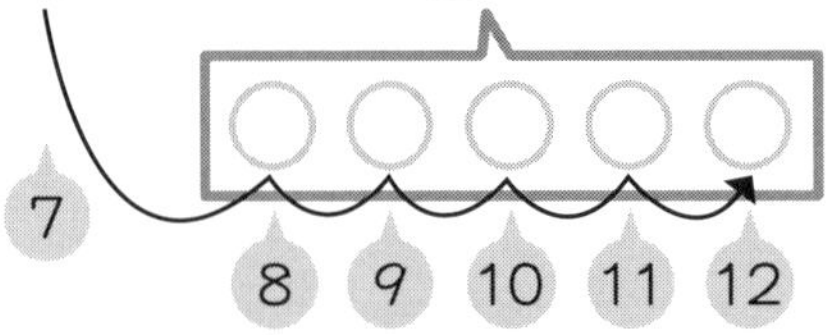

(2)　6 ＋ 8 ＝ □

じぶんで　○を　かこう！

スペシャル　もんだい！

犬《いぬ》が　9ひき　います。2ひき　くると、ぜんぶで　なんびきに
なりますか？

しき	こたえ
	ひき

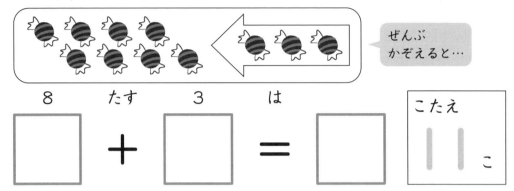

すてっぷ 1
けいさん24

（　　　）月（　　　）日（　　　　）よう日

10より　大きい　かずから　ひく　ひきざん①

花《はな》が　<u>15</u>本《ほん》　さいています。<u>3</u>本《ぼん》　はちに　うつすと、のこりは　なん本《ぼん》に　なりますか？

うつした　花《はな》に　×を　つけよう。のこりは？

15　ひく　3　は

□ − □ ＝ □

こたえ　12 本《ほん》

○と　×を　かいて、ひきざんを　しましょう。

（1）　13 − 2 ＝ □

○○○○○○○○○○　○⊗⊗

（2）　19 − 5 ＝ □

じぶんで　○と　×を　かこう！

スペシャル　もんだい！

車《くるま》が　<u>14</u>だい　とまっています。<u>3</u>だい　はしっていくと　のこりは　なんだいに　なりますか？

はしっていった　車《くるま》に　×を　つけよう！

しき

こたえ　　だい

（　　　）月（　　　）日（　　　　）よう日

10より　大きい　かずから　ひく　ひきざん②

プリンが　11こ　あります。3こ　たべると　のこりは　なんこに
なりますか？

たべた　プリンに　×を
つけよう。のこりを
かぞえると…

11　ひく　3　は

□ － □ ＝ □

こたえ
8 こ

○と　×を　かいて、ひきざんを　しましょう。

(1) 13 － 7 ＝ □

○○○○○○⊗⊗⊗⊗ ⊗⊗⊗

(2) 16 － 8 ＝ □

じぶんで　○と
×を　かこう！

スペシャル　もんだい！

いちごが　15こ　あります。9こ　たべると　のこりは
なんこに　なりますか？

たべた　いちごに
×を　つけよう！

しき	こたえ
	こ

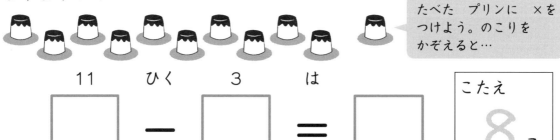

（　　　）月（　　　）日（　　　　）よう日

3つの　かずの　けいさん①

1 あめを　3こ　もっています。みかさんから　2こ、ゆうさんから　1こ　もらいました。あめは　ぜんぶで　なんこに　なりますか？

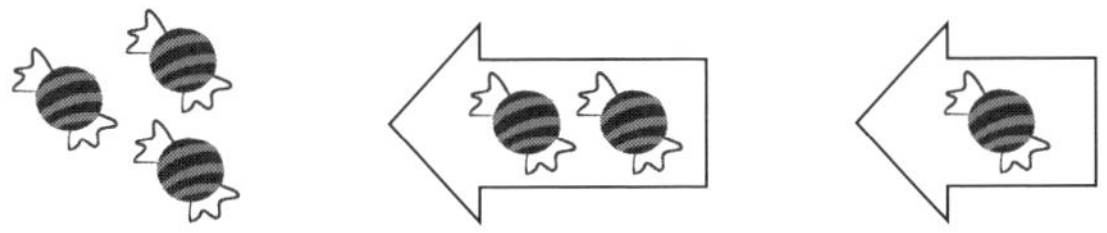

3 ＋ 2 ＋ 1 ＝ □

こたえ　　　こ

2 あめを　7こ　もっていました。いもうとに　2こ、おとうとに　1こ　あげると、のこりは　なんこに　なりますか？

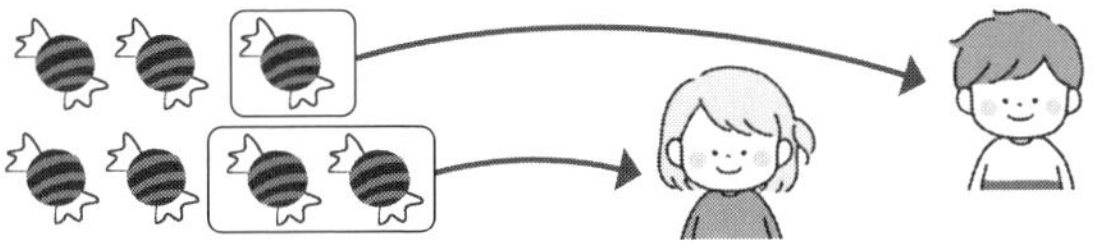

7 － 2 － 1 ＝ □

こたえ　　　こ

3 けいさんを　しましょう。

(1) 2＋4＋3＝□　(2) 8－1－4＝□

スペシャル　もんだい！

さくらさんは　シールを　5まい　もっています。みきさんが　2まい、あきらさんが　3まい　もっていると、シールは　ぜんぶで　なんまいですか？

しき

こたえ　　　まい

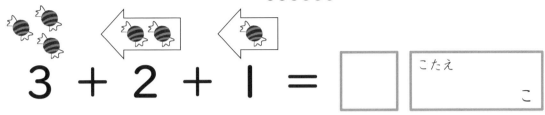

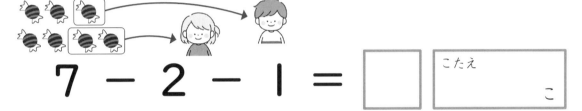

（　　　）月（　　　）日（　　　）よう日

3つの　かずの　けいさん②

1 みかんが　5こ　あります。2こ　たべて、おみせで　6こ かいました。みかんは　なんこに　なりますか？

5 － 2 ＋ 6 ＝ □

こたえ　　こ

2 みかんが　5こ　あります。おばあさんが　3こ　くれました。そのあと、2こ　たべました。みかんは　なんこに　なりますか？

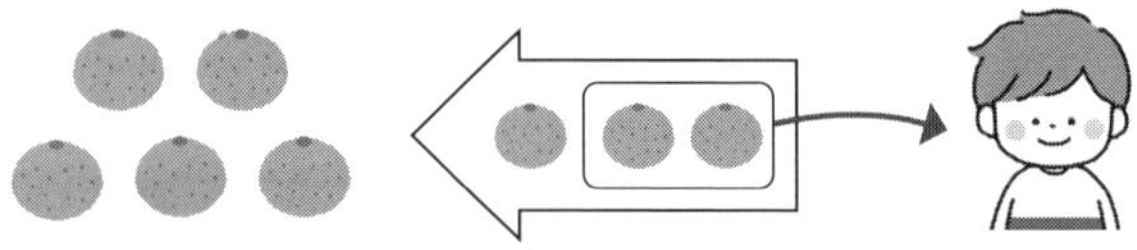

5 ＋ 3 － 2 ＝ □

こたえ　　こ

3 けいさんを　しましょう。

(1) 7－6＋3＝□　　(2) 3＋5－4＝□

スペシャル　もんだい！

れいぞうこに　プリンが　3こ　あります。おかあさんが　4こ かってきました。みきさんが、おやつに　2こ　たべました。プリンは　いま　なんこですか？

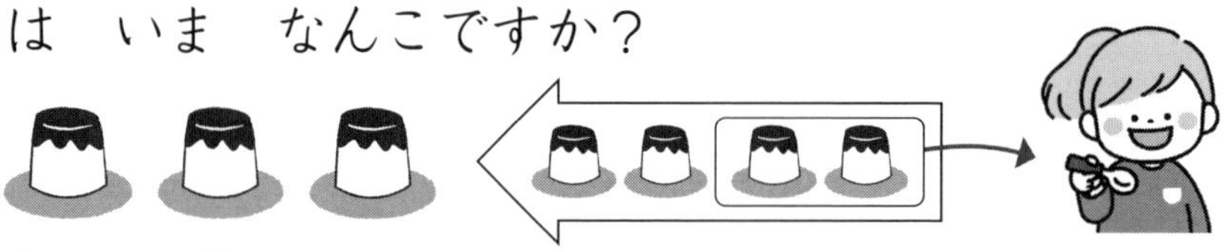

しき

こたえ　　こ

すてっぷ 1
けいさん 28

(　　　)月(　　　)日(　　　　)よう日

あわせて　いくつ／のこりは　いくつ

1 犬《いぬ》が　5ひき、ねこが　3びきいます。あわせて
なんびきですか？

（たしざん・ひきざん）

えらんで　○を
つけよう！

□ ＋ □ ＝ □

こたえ　　　　ひき

2 クッキーを　7まい　つくり、3まい　たべました。のこりは
なんまいですか？

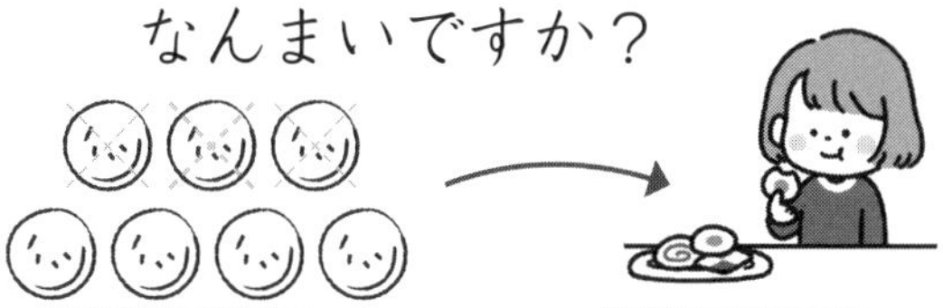

（たしざん・ひきざん）

えらんで　○を
つけよう！

□ － □ ＝ □

こたえ　　　　まい

3 つぎの　文《ぶん》を　よんで　しきと　こたえを　かきましょう。

(1) ノートを　6さつ　もっています。2さつ　つかうと、
のこりは　なんさつに　なりますか？

しき

こたえ　　　　さつ

(2) 男《おとこ》の子《こ》が　7人《にん》、女《おんな》の子《こ》が　3人《にん》います。あわせて
なん人《にん》ですか？

しき

こたえ　　　　人《にん》

（　　）月（　　）日（　　　）よう日

ふえる／へる

1 金《きん》ぎょが　3びき　います。2ひき　ふえると　なんびきに
なりますか？

（たしざん・ひきざん）

えらんで　○を
つけよう！

□ ＋ □ ＝ □

こたえ　　ひき

2 金《きん》ぎょが　6ぴき　います。4ひき　へると　なんびきに
なりますか？

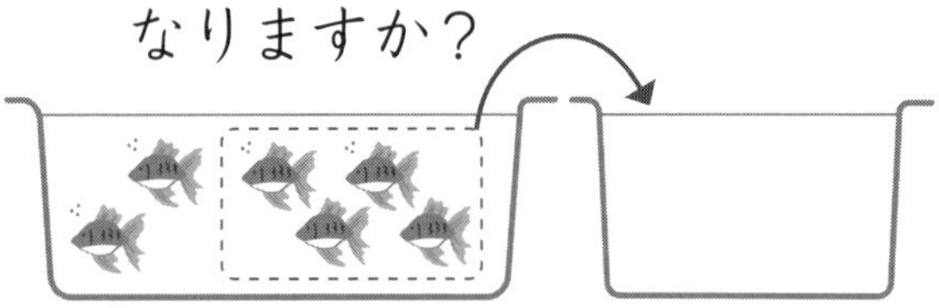

（たしざん・ひきざん）

えらんで　○を
つけよう！

□ － □ ＝ □

こたえ　　ひき

3 つぎの　文《ぶん》を　よんで　しきと　こたえを　かきましょう。

(1) ひよこが　4わ　います。2わ　ふえると、なんわに
なりますか？

しき

こたえ　　わ

(2) おにぎりが　7こ　あります。3こ　へると、のこりは
なんこに　なりますか？

しき

こたえ　　こ

すてっぷ 1
けいさん 30

(　　　)月(　　　)日(　　　　)よう日

ちがいは　いくつ？

1 おちゃが　8本《ぽん》、ジュースが　5本《ほん》　あります。ちがいは　なん本《ぼん》ですか？

えらんで　○を　つけよう！

おおいのは（おちゃ・ジュース）　**すくない**のは（おちゃ・ジュース）

おおい □ − すくない □ ＝ ちがい □

こたえ　ちがいは　　本《ほん》

2 つぎの　文《ぶん》を　よんで　しきと　こたえを　かきましょう。

(1) カブトムシが　3びき、クワガタが　7ひき　います。ちがいは　なんびきですか？

えらんで　○を　つけよう！

おおいのは（カブトムシ・クワガタ）**すくない**のは（カブトムシ・クワガタ）

しき

こたえ　ちがいは　　ひき

(2) かずやさんは、ものがたりの　本《ほん》を　8さつ、ずかんを　5さつ　もっています。ちがいは　なんさつですか？

えらんで　○を　つけよう！

おおいのは（ものがたり・ずかん）　**すくない**のは（ものがたり・ずかん）

しき

こたえ　ちがいは　　さつ

すてっぷ 1

けいさん 31

(　　)月(　　)日(　　)よう日

おおい／すくない

1 りんごが 6こ あります。(1) (2) の もんだいに こたえましょう。

(1) みかんは りんごより 2こ おおいです。みかんは なんこですか？ →(たしざん ・ ひきざん) えらんで ○を つけよう！

しき

こたえ 　　こ

(2) キウイは りんごより 4こ すくないです。キウイは なんこですか？ →(たしざん ・ ひきざん) えらんで ○を つけよう！

しき

こたえ 　　こ

2 えんぴつが 5本《ほん》 あります。(1) (2) の もんだいに こたえましょう。

(1) クレヨンは えんぴつより 4本《ほん》 おおいです。クレヨンは なん本《ぼん》ですか？

しき

こたえ 　　本《ほん》

(2) ペンは えんぴつより 2本《ほん》 すくないです。ペンは なん本《ぼん》ですか？

しき

こたえ 　　本《ほん》

すてっぷ 1
けいさん32

（　　　）月（　　　）日（　　　）よう日

なにざんかな

(1) ～ (4) の　もんだいに　こたえましょう。

(1) クッキーが　3まい　あります。せんべいは　クッキーより　2まい　おおいです。せんべいは　なんまいですか？

しき	こたえ
	まい

(2) メロンパンが　6こ　あります。3こ　たべると　のこりは　なんこに　なりますか？

しき	こたえ
	こ

(3) スズメが　4わ　とまっています。5わ　ふえると、なんわに　なりますか？

しき	こたえ
	わ

(4) いちごの　ケーキが　3こ、チョコレートの　ケーキが　7こ　あります。ちがいは　なんこですか？

しき	こたえ
	こ

（　　　）月（　　　）日（　　　）よう日

れんしゅうプリント①

CD-ROM プリントして つかおう!

たしざんの　もんだいを　つくって、けいさんしましょう。

□ ＋ □ ＝ □

□ ＋ □ ＝ □

□ ＋ □ ＝ □

□ ＋ □ ＝ □

できたら
たしかめよう!

- □5までの　たしざん
- □10までの　たしざん
- □こたえが　10より 大《おお》きくなる　たしざん
- □いろいろな　たしざん

スペシャル　もんだい!

こたえが　10に　なる　たしざんを　つくりましょう。

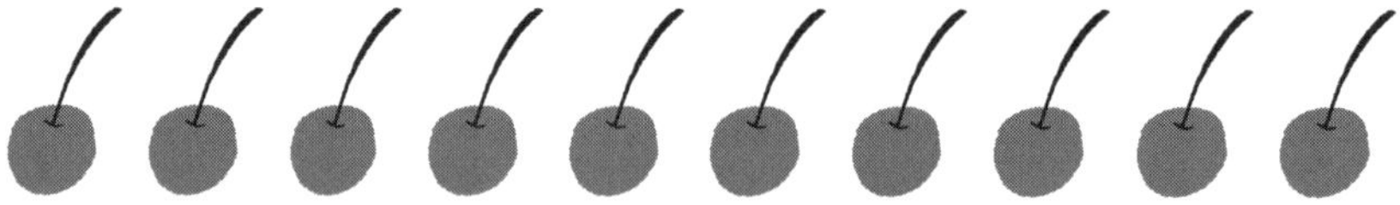

いくつと　いくつに
わける？

□ ＋ □ ＝ 10

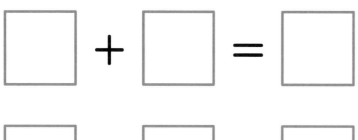

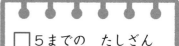

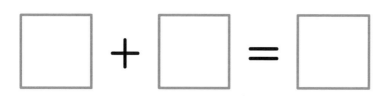

（　　　）月（　　　）日（　　　　）よう日

れんしゅうプリント②

CD-ROM プリントして つかおう!

ひきざんの　もんだいを　つくって、けいさんしましょう。

□ − □ ＝ □

□ − □ ＝ □

□ − □ ＝ □

□ − □ ＝ □

できたら
たしかめよう!

- □5までの　ひきざん
- □10までの　ひきざん
- □10より　大《おお》きい　かずから　ひく　ひきざん
- □いろいろな　ひきざん

スペシャル　もんだい！

10から　ひく　ひきざんを　つくりましょう。

いくつ　たべる？

10 − □ ＝ □

れんしゅうプリント③

73〜77ページを　見て、じぶんだけの　文しょうもんだいを
つくりましょう（えを　かいても　いいよ！）。

しき	こたえ

しき	こたえ

（　　　）月（　　　）日（　　　）よう日

れんしゅうプリント④

CD-ROM プリントしてつかおう！

こん月《げつ》の　カレンダーを　見《み》て、じぶんだけの　カレンダーを
つくりましょう。

□ 月《がつ》

月《げつ》	火《か》	水《すい》	木《もく》	金《きん》	土《ど》	日《にち》

きょうは　□　月《がつ》　□　日《にち》　□　よう日《び》です。

こん月《げつ》（　□　月《がつ》）は　□　日《にち》あります。

1しゅうかんは　□　日《にち》です。

学校《がっこう》が　休《やす》みの　日《ひ》を　○で　かこんでみよう！

すてっぷ
1
けいさん

（　　　）月（　　　）日（　　　　）よう日

チャレンジテスト1

いちごの　かずを　右《みぎ》の　□に
すう字《じ》で　かきましょう。

①

□

②

□

大《おお》きい　かずの　（　）に　○を
つけましょう。

③ 2 ― 6
（　）　（　）

④ 8 ― 7
（　）　（　）

小《ちい》さい　かずの　（　）に　○を
つけましょう。

⑤ 1 ― 3
（　）　（　）

⑥ 9 ― 6
（　）　（　）

つぎの　けいさんを　しましょう。

⑦ $1 + 7 =$ □

⑧ $5 - 3 =$ □

⑨ $1 + 3 + 7 =$ □

⑩おにぎりが　7こ　あります。3こ
たべると　のこりは　なんこに
なりますか？

しき

こたえ

10もん中《ちゅう》、なんもん　あって　いましたか？　もん／10もん

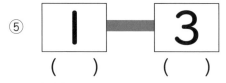

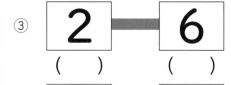

（　　　）月（　　　）日（　　　）よう日

チャレンジテスト２

ぜんぶで　いくつ　ですか？

①
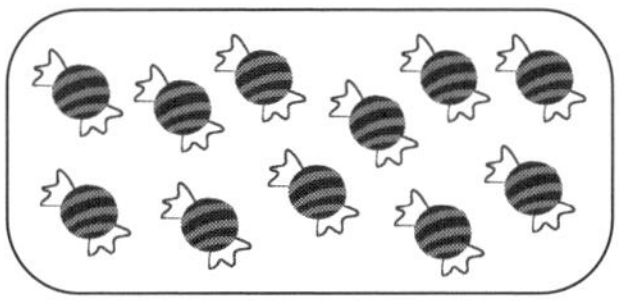
□

②
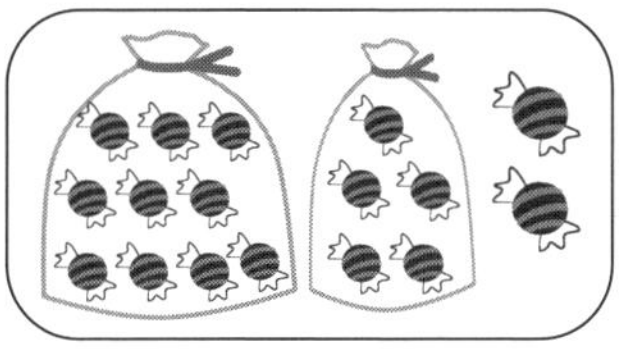
□

つぎの　もんだいに
こたえましょう。

③大《おお》きい　かずの　（　）に　○を
つけましょう。

14	15
（　）	（　）

④小《ちい》さい　かずの　（　）に　○を
つけましょう。

12	20
（　）	（　）

あわせて　10になる　たしざんを
２つ　かんがえて　かきましょう。

⑤ □＋□＝10

⑥ □＋□＝10

つぎの　けいさんを　しましょう。

⑦ 13－7＝□

⑧ 8＋5＝□

⑨ 8－3＋7＝□

⑩しきが　「６＋３」に
なるような　もんだいを
かんがえて　かきましょう。

れい：りんごが　６こ　あります。
３こ　もらうと　あわせて　いくつに
なりますか？

10もん中《ちゅう》、なんもん　あって　いましたか？　　もん／10もん

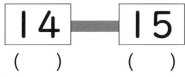

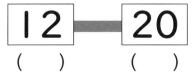

こたえ

すてっぷ 1 けいさん

●46ページ【けいさん1】
【スペシャルもんだい】 2（つ）

●47ページ【けいさん2】
【スペシャルもんだい】 6（だい）

●48ページ【けいさん3】
【スペシャルもんだい】 9（こ）

●49ページ【けいさん4】
【スペシャルもんだい】

●50ページ【けいさん5】

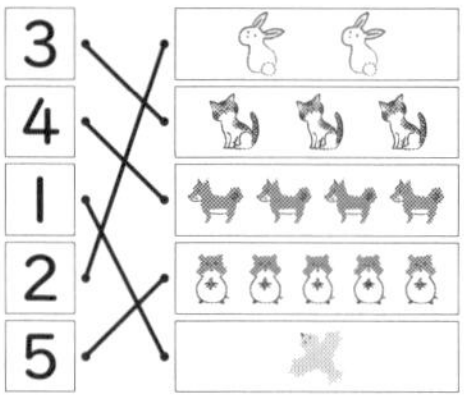

【スペシャルもんだい】

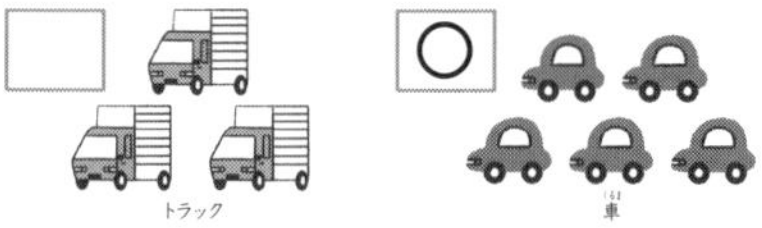

●51ページ【けいさん6】
(1) 5 (2) 3 (3) 4 (4) 1 (5) 2

●52ページ【けいさん7】
【スペシャルもんだい】

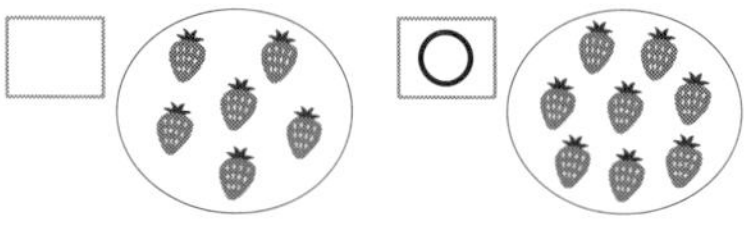

●53ページ【けいさん8】

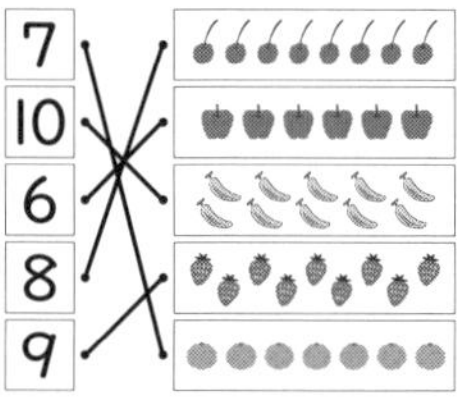

【スペシャルもんだい】

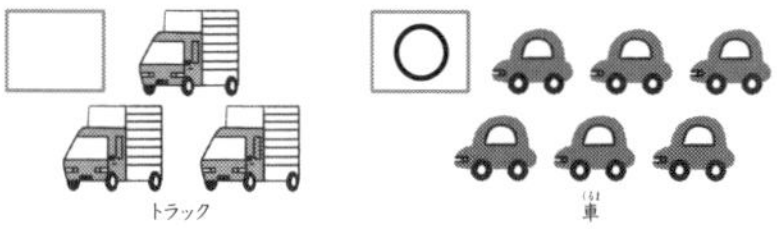

●54ページ【けいさん9】
(1) 6 (2) 7 (3) 8 (4) 10 (5) 9

●55ページ【けいさん10】
(1) 5（こ） (2) 2（こ） (3) 0（こ）
【スペシャルもんだい】

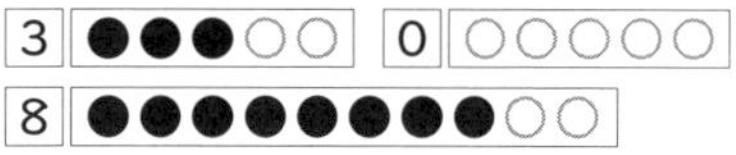

●56ページ【けいさん11】
(1) ひまわり (2) チューリップ
(3) かえる
【スペシャルもんだい】

●57ページ【けいさん12】
1 (1) 6 (2) 4 (3) 9 (4) 8
2 (1) 1 (2) 2 (3) 5 (4) 6
【スペシャルもんだい】

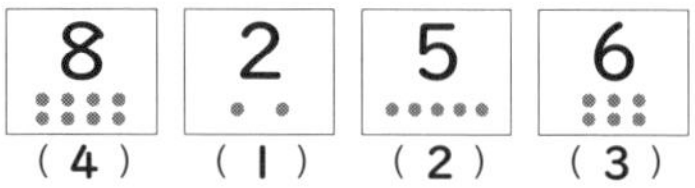

●58ページ【けいさん13】
(1) 13（こ） (2) 20（本《ほん》） (3) 15（こ）
【スペシャルもんだい】
(1) 18こ (2) 17まい

●59ページ【けいさん14】
(1) 15 (2) 18 (3) 3
【スペシャルもんだい】 15（円《えん》）

●60ページ【けいさん15】
(1) 23（こ） (2) 26（本《ほん》） (3) 28（本《ほん》）
【スペシャルもんだい】 (1) トマト
(2) あめ

●61ページ【けいさん16】
(1) 5 (2) 5
【スペシャルもんだい】
しき 2＋2＝4 こたえ 4（こ）

●62ページ【けいさん17】
（1）3　（2）1
【スペシャルもんだい】
しき　2－1＝1　こたえ　1（こ）

●63ページ【けいさん18】
[1]（1）4　（2）5
[2]（1）1　（2）2
【スペシャルもんだい】
しき　3＋1＝4　こたえ　4（こ）

●64ページ【けいさん19】
（1）7　（2）9
【スペシャルもんだい】
しき　6＋2＝8　こたえ　8（ひき）

●65ページ【けいさん20】
（1）3　（2）2
【スペシャルもんだい】
しき　9－6＝3　こたえ　3（まい）

●66ページ【けいさん21】
[1]（1）8　（2）7
[2]（1）4　（2）4
【スペシャルもんだい】
しき　7－3＝4　こたえ　4（本《ほん》）

●67ページ【けいさん22】
（1）15　（2）19
【スペシャルもんだい】
しき　14＋4＝18　こたえ　18（本《ほん》）

●68ページ【けいさん23】
（1）12　（2）14
【スペシャルもんだい】
しき　9＋2＝11　こたえ　11（ひき）

●69ページ【けいさん24】
（1）11　（2）14
【スペシャルもんだい】
しき　14－3＝11　こたえ　11（だい）

●70ページ【けいさん25】
（1）6　（2）8
【スペシャルもんだい】
しき　15－9＝6　こたえ　6（こ）

●71ページ【けいさん26】
[1]（3＋2＋1＝）6　こたえ　6（こ）
[2]（7－2－1＝）4　こたえ　4（こ）
[3]（1）9　（2）3
【スペシャルもんだい】
しき　5＋2＋3＝10　こたえ　10（まい）

●72ページ【けいさん27】
[1]（5－2＋6＝）9　こたえ　9（こ）
[2]（5＋3－2＝）6　こたえ　6（こ）
[3]（1）4　（2）4
【スペシャルもんだい】
しき　3＋4－2＝5　こたえ　5（こ）

●73ページ【けいさん28】
[1]（たしざん・ひきざん）
5＋3＝8　こたえ　8（ひき）
[2]（たしざん・ひきざん）
7－3＝4　こたえ　4（まい）
[3]（1）しき　6－2＝4　こたえ　4（さつ）
（2）しき　7＋3＝10　こたえ　10（人《にん》）

●74ページ【けいさん29】
[1]（たしざん・ひきざん）
3＋2＝5　こたえ　5（ひき）
[2]（たしざん・ひきざん）
6－4＝2　こたえ　2（ひき）
[3]（1）しき　4＋2＝6　こたえ　6（わ）
（2）しき　7－3＝4　こたえ　4（こ）

●75ページ【けいさん30】
[1] おおいのは（おちゃ・ジュース）
すくないのは（おちゃ・ジュース）
8－5＝3　こたえ　（ちがいは）3（本《ほん》）
[2]（1）おおいのは（カブトムシ・クワガタ）
すくないのは（カブトムシ・クワガタ）
しき　7－3＝4
こたえ　（ちがいは）4（ひき）
（2）おおいのは（ものがたり・ずかん）
すくないのは（ものがたり・ずかん）
しき　8－5＝3
こたえ　（ちがいは）3（さつ）

●76ページ【けいさん31】
[1]（1）（たしざん・ひきざん）
しき　6＋2＝8　こたえ　8（こ）

(2)（ たしざん ・ ひきざん ）

しき 6−4=2 こたえ 2（こ）

2 (1) しき 5+4=9 こたえ 9（本《ほん》）

(2) しき 5−2=3 こたえ 3（本《ほん》）

●77ページ【けいさん32】

(1) しき 3+2=5 こたえ 5（まい）

(2) しき 6−3=3 こたえ 3（こ）

(3) しき 4+5=9 こたえ 9（わ）

(4) しき 7−3=4 こたえ 4（こ）

●82ページ【チャレンジテスト１】

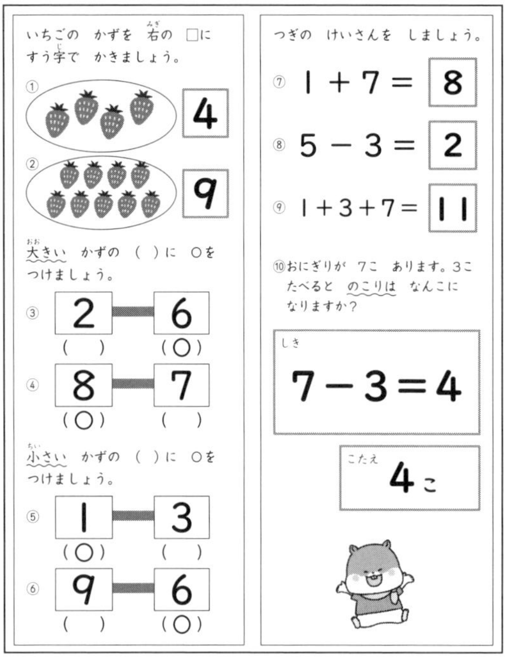

いちごの かずを 右《みぎ》の □に すう字《じ》で かきましょう。

① 4

② 9

大《おお》きい かずの （ ）に ○を つけましょう。

③ 2 — 6　（ ）（○）

④ 8 — 7　（○）（ ）

小《ちい》さい かずの （ ）に ○を つけましょう。

⑤ 1 — 3　（○）（ ）

⑥ 9 — 6　（ ）（○）

つぎの けいさんを しましょう。

⑦ 1 + 7 = 8

⑧ 5 − 3 = 2

⑨ 1+3+7= 11

⑩おにぎりが 7こ あります。3こ たべると のこりは なんこに なりますか？

しき 7−3=4

こたえ 4こ

①② しるしを つけながら かぞえると、まちがいが すくなく なるよ！

③④ 「大《おお》きい」「小《ちい》さい」の ことばに ちゅう目《もく》しよう！

⑦⑧⑨ ○を かく、ゆびを 出《だ》す など、じぶんに あった ほうほうで けいさんしよう！

⑩ 「たべる」と おにぎりは 「へる」。だから、ひきざんで しきを 立《た》てよう！

●83ページ【チャレンジテスト２】

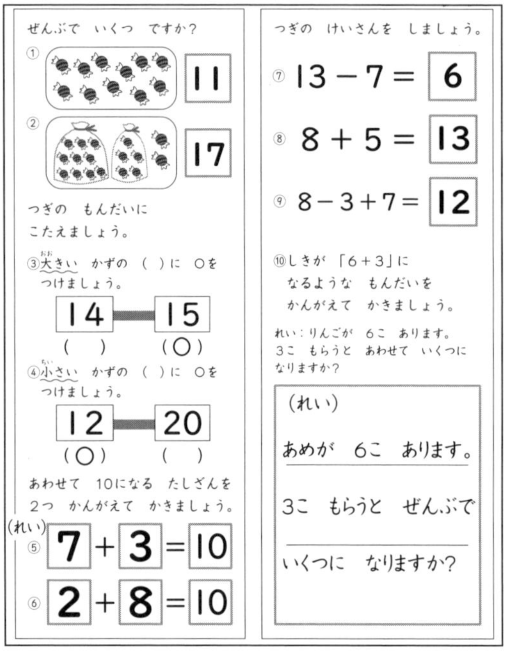

ぜんぶで いくつ ですか？

① 11

② 17

つぎの もんだいに こたえましょう。

③大《おお》きい かずの （ ）に ○を つけましょう。

14 — 15　（ ）（○）

④小《ちい》さい かずの （ ）に ○を つけましょう。

12 — 20　（○）（ ）

あわせて 10になる たしざんを 2つ かんがえて かきましょう。

(れい) ⑤ 7 + 3 = 10

⑥ 2 + 8 = 10

つぎの けいさんを しましょう。

⑦ 13 − 7 = 6

⑧ 8 + 5 = 13

⑨ 8−3+7= 12

⑩しきが 「6＋3」に なるような もんだいを かんがえて かきましょう。

れい：りんごが 6こ あります。3こ もらうと あわせて いくつに なりますか？

（れい）

あめが 6こ あります。

3こ もらうと ぜんぶで

いくつに なりますか？

①② ②の もんだいは、10+5+2と たしざんで かんがえても いいよ！

③④ 「大《おお》きい」「小《ちい》さい」という ことばに ちゅう目《もく》しよう！

⑤⑥ れいの ほかに 「1」と「9」、「6」と「4」、「5」と「5」の くみあわせでも 10に なるよ。

⑦⑧⑨ ○を かく、ゆびを 出《だ》す など、じぶんに あった ほうほうで けいさんしよう！

⑩ たしざんに つかう ことばは 「あわせて」「ぜんぶで」「ふえる」「おおい」などが あるよ。

執筆者紹介

伊庭葉子（いば・ようこ）［監修］

株式会社 Grow-S 代表取締役（特別支援教育士）
1990年より発達障害をもつ子どもたちの学習塾「さくらんぼ教室」を展開。生徒一人ひとりに合わせた学習指導、SST（ソーシャル・スキル・トレーニング）指導を実践している。教材の出版、公的機関との連携事業、講演や教員研修なども行っている。

小寺絢子（こでら・あやこ）

株式会社 Grow-S　教室運営部・教務リーダー
さくらんぼ教室・教室長を歴任。わかりやすく楽しい学習指導、SST 指導を実践している。現在は教務リーダーとして、学習や SST のカリキュラム作成、教材作成、人材育成など幅広く担当している。

株式会社 Grow-S　さくらんぼ教室

勉強が苦手な子ども、発達障害をもつ子どものための学習塾。1990年の開設以来、「自分らしく生きるために、学ぼう。」をスローガンに、一人ひとりに合わせた学習指導、SST 指導を実践している。千葉県・東京都・神奈川県・茨城県の13教室で2歳～社会人まで2,500人が学習中（2021年3月現在）。教材の出版、学校での出張授業や研修、発達障害理解・啓発イベントなども行う。
さくらんぼ教室ホームページ
http://www.sakuranbo-class.com/

CD-ROM付き
自分のペースで学びたい子のための

サポートドリル
かん字・けいさん　すてっぷ1

2021年5月15日　初版第1刷発行

監　修　伊庭葉子
　著　　小寺絢子
発行者　花岡萬之
発行所　学事出版株式会社
〒101-0021　東京都千代田区外神田2-2-3
電話03-3255-5471
HP アドレス　https://www.gakuji.co.jp

企画　三上直樹
編集協力　狩生有希（株式会社桂樹社グループ）
デザイン・装丁　中田聡美
印刷・製本　研友社印刷株式会社

乱丁・落丁本はお取り替えします。
ISBN 978-4-7619-2704-2　C3037